中外文稀有版本文献

《路易·波拿巴的雾月十八日》

⑤

路易·波拿巴政变记

【德】卡尔·马克思 ◎ 著
谢唯真 ◎ 校订

中央编译出版社
CCTP Central Compilation & Translation Press

《路易·波拿巴的雾月十八日》的出版与传播

（代序）

恩格斯在1885年《路易·波拿巴的雾月十八日》（简称《雾月十八日》）第三版序言中指出："马克思立即写出一篇简练的讽刺作品，叙述了二月事变以来法国历史的全部进程的内在联系，揭示了12月2日的奇迹就是这种联系的自然和必然的结果，而他在这样做的时候对政变的主角除了给予其应得的蔑视以外，根本不需要采取别的态度。"① 尽管马克思直言《雾月十八日》是在形势的直接逼迫下写成的，但是"研究这部作品的写作过程，不仅可以窥探马克思的世界观的发展，而且可以瞥见他的创造性的实验"②。相比于维克多·雨果的《小拿破仑》、蒲鲁东的《从十二月二日政变看社会革命》，《雾月十八日》得到更为广泛的传播和影响。因而本文重点考察《雾月十八日》的写作过程及其出版遭遇、国内外传播及其深刻的影响。

一 《雾月十八日》的出版

在魏德迈到达纽约之后，1851年10月31日马克思致信建议他从事书籍出版事业，从《新莱茵报。民主派机关报》《新莱茵报。政治经济

---

① 《马克思恩格斯文集》第2卷，北京：人民出版社2009年版，第468页。

② 〔苏〕纳·维·库德里亚绍娃：《马克思创作〈路易·波拿巴的雾月十八日〉曾依据什么资料》，载《马克思恩格斯研究》1989年第2辑，第286页。

评论》选出最精彩的文章作为单行本出版。魏德迈在给马克思的信中痛骂小商人心理，说这种心理在哪里也不像在新大陆表现得这样令人作呕的露骨。此外，他准备从 1852 年 1 月初开始出版一个政治周刊。1851 年 12 月 16 日上午恩格斯收到魏德迈的信件，获悉魏德迈能够出版周刊并且要求自己在星期五晚上以前寄一篇文章给他。恩格斯认为："恰好在目前，那里正渴望看到对法国事件的评论和阐述，如果能够对局势作一个出色的阐述，那就能保证该刊从创刊号开始就获得成功。但困难也就在这里，而我又不得不像往常一样把重担压在你身上。……无论如何，在这方面你可以为他写一篇外交式的、有回旋余地的、划时代的文章。"[①] 1851 年 12 月 19 日，马克思致信魏德迈："现在我正坐下为你写一篇文章。你的约稿信来得太迟了，所以我今天不能完成。星期二（12 **月 23 日**）将从这里给你寄去：（1）卡·马克思的**《路易·波拿巴的雾月十八日》**……"[②] 魏德迈在回信中建议马克思为即将问世的政治周刊写一篇关于 1851 年政变的文章，就像马克思曾在他负责发行的《新莱茵报》上发表关于 1848 年革命的系列作品那样。

（一）马克思与恩格斯对法国局势的交流

在写作过程中，马克思不仅利用了英法两国的书刊和官方资料以及寄自巴黎的私人书信，特别是海涅的秘书莱因哈特从巴黎寄给马克思的若干信件。[③] 莱因哈特阐述了巴黎各个阶层对于政变的不满和动荡情绪，论述了波拿巴政权的前景。"波拿巴在政变前和政变后毫无例外地搞坏了他和一切政党的关系以后，正从所推行的这种或那种笼络人心的措施（如扩大社会性工作，许诺对十二月二日的参加者实行大赦等）中寻求平衡。但是，只要他试图干点什么事以有利于某一个阶级，所有

① 《马克思恩格斯全集》第 27 卷，北京：人民出版社 1972 年版，第 413 页。

② 《马克思恩格斯全集》第 27 卷，北京：人民出版社 1972 年版，第 617 页。

③ 对于资料来源的较为详细论述，参见《〈路易·波拿巴的雾月十八日〉的写作和出版情况》，《马克思恩格斯研究》1992 年第 8 期，第 201—204 页。

这一切就都成为不稳定的和无目的的了。”① 马克思在《雾月十八日》中直接引用了莱因哈特1852年2月15日信中基佐的名言“这是社会主义的完全而彻底的胜利!”和日拉丹夫人的话。莱因哈特在1851年7月到1852年10月这段时期写给马克思的信留下了7封，它们的主要内容是叙述和分析与1851年十二月二日政变有联系的法国政治事件。② 当然马克思认为莱因哈特是个怀疑论者，因为他不大看得起人民。莱因哈特在致马克思的信件中指出：“巴黎公众的情绪发生了显著的变化；如果说这种情绪还没有超出绝望的程度，那么这种绝望的确已经感觉出来了，而且具有更阴暗更普遍的性质。”③

很大程度上恩格斯对法国革命局势的判断塑造着马克思的革命思考，也反映出马克思恩格斯都以唯物史观审视法国革命的趋势与前景及其共同认识和理解。1846年9月，恩格斯曾经揭示过1830年后法国立法权的实质与历史命运。“在1830年革命后这个时期内，从来还没有出现过这样露骨的厚颜无耻和对社会舆论的蔑视。至少有3/5的议员是内阁的亲朋密友；换句话说，这些人不是大资本家、商人、巴黎交易所的铁路股票投机家、银行家和大工业家之流，就是他们的恭顺奴仆。现在的立法权比以前的任何立法权都更加体现出拉菲特在七月革命后第一天所说的话：‘从今以后，统治法国的将是我们银行家了。’这是大金融贵族和haute bourgeoisie〔资产阶级巨头〕统治法国的最显著的证明。决定法国命运的不是土伊勒里宫，也不是贵族院，甚至也不是众议院，而是巴黎交易所。”④ 法国工人阶级为自己的生存而斗争，丢弃了对祖国的幻想。对于1848年六月革命，恩格斯乐观地指出：“‘马赛曲’连同对于法国大革命的其他一切回忆一起消逝了。”⑤ 只有无产阶级是真

① 《马克思恩格斯全集》第28卷，北京：人民出版社1973年版，第498页。

② 〔苏〕纳·维·库德里亚绍娃：《马克思创作〈路易·波拿巴的雾月十八日〉曾依据什么资料》，载《马克思恩格斯研究》1989年第2辑，第292页。

③ 《马克思恩格斯全集》第28卷，北京：人民出版社1973年版，第496—497页。

④ 《马克思恩格斯全集》第4卷，北京：人民出版社1958年版，第30页。

⑤ 《马克思恩格斯全集》第5卷，北京：人民出版社1958年版，第137页。

正革命的阶级，然而流氓无产阶级则甘心于被人收买，干反动的勾当。恩格斯明确地指出流氓无产阶级的反动角色，成为工人受到残酷镇压的帮凶。“主要从巴黎流氓无产阶级中召募来的别动队，由于薪俸优厚，在短期内就成了每次都替当权者卖命的御用军。被组织起来的流氓无产阶级反对未组织起来的劳动无产阶级。果然不出所料，像那不勒斯的流浪汉供斐迪南驱使一样，巴黎的流氓无产阶级甘愿供资产阶级驱使。”①

资产者以前并不容忍乞丐、浪人、无赖、顽童和小偷为非作歹的行为，现在却宠爱这些流氓无产阶级，以便残酷地屠杀和镇压革命的巴黎工人。

恩格斯批评激进小资产阶级的软弱无力，无力采取革命的行动。“2月25日，当武装的无产阶级统治巴黎的时候，当可能得到一切的时候，不就是这些人只会说安慰人的漂亮话，而没有革命的行动，只会许诺和规劝，而不采取迅速和坚决的措施。”② 恩格斯认为，犹豫不决、幻想（自我牺牲）的陈词滥调、为了革命的模糊回忆而忘记革命的行动是整个激进小资产阶级的固有特征。“激进小资产者之所以带有社会主义情绪，只是因为他们清楚地看到自己即将灭亡，看到自己即将加入无产阶级的行列。他们不是作为小资产者、小量资本的所有者，而是作为未来的无产者在幻想劳动组织，幻想资本和劳动之间关系的变革。只要他们获得政权，他们很快就会忘掉劳动组织。因为政权，至少是在最初一些日子的陶醉中，会使他们看到有获得资本和从威胁他们的灭亡中得救的前景。只有当武装的无产者端着刺刀为他们作后盾的时候，他们才会想起自己昨天的同盟者。”③ 小资产阶级并不是革命的，而是保守的。“这里所谈的根本不是山岳党在宣言中极其郑重地宣布过的能拯救世界的某些琐屑措施。这里所谈的是社会革命，它将给法国人带来跟那些语无伦次的、已成为死板公式的词句完全不同的结果。这里所谈的是实现这一

① 《马克思恩格斯全集》第5卷，北京：人民出版社1958年版，第151页。
② 《马克思恩格斯全集》第6卷，北京：人民出版社1961年版，第663—664页。
③ 《马克思恩格斯全集》第6卷，北京：人民出版社1961年版，第665页。

革命所必需的毅力。问题在于小资产阶级既然已经一度表现了软弱无能以后，是否还能在它那里找到这种毅力。”[①] 小资产阶级只有不维护他们目前的利益，而是维护他们将来的来临时，才能站到无产阶级的立场上，才能体现出革命所需的毅力。

1850 年 11 月，恩格斯回到曼彻斯特，当时正在阅读法国和英国历史学家所写的执政时代和帝国的历史，特别是从军事角度去阅读。马克思与恩格斯对法国政局的变化与趋势保持着密切的交流，讨论着法国政治变化的前景，嘲笑着路易·波拿巴。恩格斯在 1851 年 2 月 12 日致信马克思中指出：“路易·拿破仑真是个蠢材！为了一百八十万法郎，他把自己对‘选举法’的疑问出卖给了立法议会，而把自己出卖给了蒙塔郎贝尔，最后钱也没有拿到手。这样一个冒险家的确成不了什么事业。如果他在四个星期内让狡猾的阴谋家牵着自己的鼻子走，那么第五个星期他必定让人家用最愚蠢的方式把他完成的一切破坏无遗。要么做凯撒，要么做克里希！”[②] 1851 年 5 月份，马克思和恩格斯愈来愈感觉波拿巴执政的机会最大。恩格斯在分析波拿巴政变的后果时指出：“路易·拿破仑的统治并没有结束阶级之间的战争。它只是暂时中止了时时标志着这个或那个阶级夺取或保住政权的企图的流血冲突。”[③]

对于波拿巴政权的前景与原因，恩格斯认为，波拿巴的军事专制“在和平时期必然会引起新的军事政变并会促使在军队中出现国民议会的各个党派。没有任何出路，这个笑剧必然自行垮台。如果再出现商业危机，那就不堪设想了！”[④] 无产阶级并不愿意为国民议会战斗，一直等到更加尖锐更加明确的冲突出现。“如果这一次无产阶级没有群起而战斗，那是因为他们完全意识到自己的懈怠和无力，并将以宿命论的驯顺态度屈从于共和国、帝国、复辟和新的革命这种一再的循环，直

① 《马克思恩格斯全集》第 6 卷，北京：人民出版社 1961 年版，第 666 页。
② 《马克思恩格斯全集》第 27 卷，北京：人民出版社 1972 年版，第 208 页。
③ 《马克思恩格斯全集》第 11 卷，北京：人民出版社 1995 年版，第 266 页。
④ 《马克思恩格斯全集》第 27 卷，北京：人民出版社 1972 年版，第 408 页。

到他们在比较安定的统治下经历了若干年的灾难而重新积聚起新的力量时为止。”①

恩格斯也强调暴力的重要性，也提及日拉丹的过分自信。“如果明年在法国爆发革命，神圣同盟至少要进到巴黎城下，这是毫无疑问的。我们的法国革命家虽然具有渊博的知识和罕见的精力，但甚至巴黎的堡垒和要塞围墙能否得到所需要的武器和粮食，也还是个大问题。而只要有两个堡垒，例如圣丹尼及其东邻最近的堡垒，被敌人夺去，那么巴黎和革命就会在新的事件爆发之前垮台。”② 恩格斯认为，日拉丹低估了波拿巴，但是国民议会的保守党很可能与体现行政权的波拿巴达成妥协，“虽然日拉丹也说，卡芬雅克现在是资产阶级群众的即秩序党的唯一真正的候选人，但是他自己却猛烈地攻击卡芬雅克和尚加尔涅，他的论战令人重新想起他同《国民报》作斗争的极盛时期。这个家伙正在法国进行广泛的鼓动，比整个山岳党人和红色分子一帮合起来所进行的鼓动还要广泛。波拿巴好像已不在话下了。不过，如果国民议会的保皇党多数派再度违反宪法，**以简单的**多数决定修改宪法，那么他们最终仍然会被迫——因为他们会丧失一切合法的支柱——同体现行政权的波拿巴达成妥协。在这种情况下，可能会弄到发生严重冲突的地步，因为卡芬雅克很难再度让人把到了他嘴边的东西夺去。”③

1851 年 12 月 3 日，恩格斯在致信马克思时认为十二月十日政变是可笑的模仿剧：“法国的历史已经进入了极其滑稽可笑的阶段。一个全世界最微不足道的人物，在和平时期，依靠心怀不满的士兵，根据到目前为止能作出的判断并没有遭到任何反抗，就演出了雾月十八日的可笑的模仿剧，还能有比这更有趣的事情吗！”④ 很显然，马克思的标题设置与对波拿巴的态度受到恩格斯的深刻影响，而且二人对此保持着相同

① 《马克思恩格斯全集》第 27 卷，北京：人民出版社 1972 年版，第 410 页。
② 《马克思恩格斯全集》第 27 卷，北京：人民出版社 1972 年版，第 250 页。
③ 《马克思恩格斯全集》第 27 卷，北京：人民出版社 1972 年版，第 282 页。
④ 《马克思恩格斯全集》第 27 卷，北京：人民出版社 1972 年版，第 401 页。

的看法。此外，恩格斯还比较了法国大革命时期拿破仑与波拿巴，强调波拿巴主义的专制色彩："现在甚至不再有什么国民议会可以破坏这个不被承认的英雄的伟大计划了；不会有了，至少在今天这头驴子像雾月十八日晚上的老拿破仑一样自由自在，一样无拘无束，一样绝对专制，他感到那样不受羁绊，以致不由得在各方面显出了驴子的本性。"① 恩格斯更进一步指出："就我们昨天所看到的而言，对人民是不能抱任何希望了，真好像是老黑格尔在坟墓里把历史当作世界精神来指导，并且真心诚意地使一切事件都出现两次，一次是作为伟大的悲剧出现，另一次是作为卑劣的笑剧出现。"② 马克思稍加改动和扩展，即将其运用到《雾月十八日》的首段，从总体上显示出马克思对波拿巴政变的认知和态度。恩格斯在 12 月 10 日和 11 日的两封信中揭示了巴黎工人没有大规模抵制这次政变的原因。③ "恩格斯在 1852 年 1 月、2 月、3 月写给马克思的许多信，或多或少的程度上都是对这次政变的分析评论。"④

大约 1851 年 12 月 20 日至 1852 年 1 月 4 日，恩格斯在伦敦期间与马克思当面讨论了法国政变问题。1852 年 2 月至 4 月刊登在《寄语人民》上的恩格斯的《去年十二月法国无产者相对消极的真正原因》在内容上是与马克思的《雾月十八日》相衔接的。恩格斯也揭示了波拿巴政变成功的原因、本质及其固有的矛盾。⑤ 这组文章也表明马克思同恩格斯就《雾月十八日》中论述的问题诚挚地交换过看法。恩格斯的这组文章虽然扼要地集中论述工人阶级的策略，但实际上阐述的是《雾月十八日》的同一思想。⑥

---

① 《马克思恩格斯全集》第 27 卷，北京：人民出版社 1972 年版，第 402 页。

② 《马克思恩格斯全集》第 27 卷，北京：人民出版社 1972 年版，第 403 页。

③ 《马克思恩格斯全集》第 27 卷，北京：人民出版社 1972 年版，第 408、410 页。

④ 〔苏〕纳·维·库德里亚绍娃：《马克思创作〈路易·波拿巴的雾月十八日〉曾依据什么资料》，载《马克思恩格斯研究》1989 年第 2 辑，第 288 页。

⑤ 《马克思恩格斯全集》第 11 卷，北京：人民出版社 1995 年版，第 259—271 页。

⑥ 《〈路易·波拿巴的雾月十八日〉的写作和出版情况》，载《马克思恩格斯研究》1992 年第 8 期，第 200 页。

(二)《雾月十八日》的写作

波拿巴政变的悲喜剧困扰着马克思，以至于马克思并未立即回信恩格斯。马克思指出："我被巴黎的这些悲喜剧事件弄得十分忙乱……我不能像维利希那样说：'真奇怪，巴黎方面竟什么也没有告诉我们！'我也不能像沙佩尔那样，老是拿着一杯啤酒在谢特奈尔酒馆里高谈阔论……所以他们决定等到事情'决定下来'以后再大踏步前进。"① 对于波拿巴政变的法国局势，马克思乐观地认为，"无论如何，我看改变是使局势好转了，而不是恶化了。波拿巴要比国民议会和它的将军们更容易对付。而国民议会的专政'已站在门外了'"。② 马克思明确地认为，波拿巴暂时取得了胜利，而且无产阶级保全了自己的力量。

当时马克思一家正处于生计艰难时期，而且马克思自己也饱受疾病的困扰，要做很大的努力才能工作。据燕妮回忆，马克思是在第恩街的一间小房里，在孩子们的吵闹声和家庭琐事搅扰下写完这本书的。她于3月转抄好手稿，并把它送出去。③ 马克思的女儿爱琳娜·马克思也曾经回忆："事实上，就是他在索荷区第恩街写《雾月十八日》中的几章时，他也被三个孩子当做拉车的马，他们坐在他身后的椅子上，不停地用鞭子驱赶着他。"④

1852年1月1日，马克思致信魏德迈："我现在才把文章寄给你，是因为工作不但受到当前急剧发展的事态的影响，而且在更大程度上还受到私事的干扰。从现在起开始正常了。"⑤ 然而正在1852年新年之际，由于恩格斯在伦敦挽留马克思狂饮了一顿，导致了燕妮对马克思的

---

① 《马克思恩格斯全集》第27卷，北京：人民出版社1972年版，第405页。

② 《马克思恩格斯全集》第27卷，北京：人民出版社1972年版，第406页。

③ 〔德〕燕妮·马克思：《动荡生活简记》，载中央编译局编译《回忆马克思》，北京：人民出版社2005年版，第61页。

④ 〔德〕爱琳娜·马克思：《卡尔·马克思》，载中央编译局编译《回忆马克思》，北京：人民出版社2005年版，第207页。

⑤ 《马克思恩格斯全集》第28卷，北京：人民出版社1973年版，第469页。

一些不满。由于重感冒，马克思病卧在床上，无法专心地撰写《雾月十八日》。1852 年 1 月 9 日，燕妮告知魏德迈："我的丈夫一周来病得很重，几乎一直躺在床上。"[①] 正是在这种艰难的情况下，马克思完成了《雾月十八日》第二章内容的写作。1852 年 1 月 16 日，马克思致信魏德迈指出："今天是我两个星期以来第一次下床。你可以看出，我的病是严重的，直到目前还没有痊愈。因此这星期我不能如愿把我论波拿巴的文章的第三篇寄给你。……我现在还非常虚弱，不能继续写了。"[②] 1852 年 1 月 19 日，马克思开始下床了，20 日又开始写东西了。

1852 年 1 月 23 日，马克思再次向魏德迈表达了遗憾："遗憾得很，我的病还不允许我在这个星期给你，也就是给你的报纸写点东西。我**好不容易**才给德纳弄成一篇文章，他已有六个多星期没有收到我任何东西了。多少年来还没有一件事，甚至最近的法国丑事也没有像这该死的痔疮那样打破我的生活常规。但是现在我感到就会好起来，一个月内不得不离开图书馆，曾使我非常苦恼。"[③] 1852 年 1 月 24 日，马克思致恩格斯的信件中指出："你从这里走后，我给可怜的魏德迈自然只能寄去一篇文章。这次痔疮对我的折磨比法国革命还厉害。我要设法在下星期写出点东西。我的'臀部的'情况还不允许我去图书馆。" 1 月 30 日、2 月 13 日，马克思分别将稿件的第三章、第四章寄给魏德迈，然而马克思自己一旦投入写作便一发不可收拾，越写越多。正在这时，经济困境干扰着马克思，使他无法继续写作。1852 年 2 月 20 日，马克思致信魏德迈："我这个星期不能寄任何东西给你，原因很简单，一个多星期以来，我陷入可恶的经济困境之中，以致我无法继续在图书馆从事研究，更不用说写文章了。"[④] 3 月 5 日，马克思寄出了第五章，3 月 25 日终于把最后一部分原稿寄给了魏德迈。正是在 3 月 25 日致魏德迈的信件中，

---

① 《马克思恩格斯全集》第 28 卷，北京：人民出版社 1973 年版，第 640 页。
② 《马克思恩格斯全集》第 28 卷，北京：人民出版社 1973 年版，第 473—474 页。
③ 《马克思恩格斯全集》第 28 卷，北京：人民出版社 1973 年版，第 475 页。
④ 《马克思恩格斯全集》第 28 卷，北京：人民出版社 1973 年版，第 492 页。

马克思要求在第五篇的末尾加上如下的话："然而波拿巴像阿革西拉乌斯回答国王亚奇斯那样回答了秩序党：'**你把我看作蚂蚁，但是总有一天我会成为狮子的**。'"① 然而魏德迈在3月30日的回信中告知，马克思的文稿没有出版的希望了。

（三）《雾月十八日》的出版

由于魏德迈缺乏资金，政治周刊的出版计划遭到了失败。② 事实上，马克思与恩格斯都担心任何妨碍出版的困难会发生。1852年1月1日，马克思在致魏德迈的信中提醒道："如果你由于资金困难不得不把自己的事业推迟一个较长的时间——**希望不会发生这种情况**，——那就请你把文章交给德纳，以便他把文章译成英文供他的报纸刊用。不过我希望这没有必要。"③ 魏德迈"写道：'从秋天以来，失业现象在这里空前严重，以致每一个新企业都遭到巨大的困难。而且，近来工人们受到各式各样的盘剥。最初是金克尔，接着是科苏特，而大多数人都愚蠢到宁可送一块钱给敌视他们的宣传，而不愿出一分钱来捍卫资金的利益。美国的土壤对人们起着一种极大的腐蚀作用，而同时人们却开始以为，他们比旧大陆的人们高瞻远瞩得多哩。'但是魏德迈并没有绝望，他希望能够使他的周刊以月刊的形式复活"④。

获悉《革命》无法出版的消息，马克思曾经建议魏德迈分印张或分篇出版。1852年2月13日在马克思致信魏德迈的附言中，燕妮第一次提到马克思的建议："我的丈夫认为，他的关于法国的一组文章（还有两篇要加进去），是最应时的东西，因此作为他在《评论》上发表的文章的续篇，也是最适于印小册子的材料。如果纽约某个出版商同德国

① 《马克思恩格斯全集》第28卷，北京：人民出版社1973年版，第511页。

② 对于《雾月十八日》在纽约出版的情况，参见《〈路易·波拿巴的雾月十八日〉的写作和出版情况》，载《马克思恩格斯研究》1992年第8期，第209—214页。

③ 《马克思恩格斯全集》第28卷，北京：人民出版社1973年版，第469—450页。

④ 〔德〕梅林：《马克思传》，樊集译，北京：人民出版社1985年版，第272—273页。

有联系，那么可以指望在德国有相当大的销路。这部著作与其说是为美国倒不如说是为欧洲而写的。”[①] 2月20日，马克思在附言中再次强调：“如果你的报纸不能出版，那么你是否能把我的小册子分印张出版或者像我给你寄去的那样分篇出版？否则时间会拖得太长。”[②] 1852年2月27日，燕妮致信魏德迈时指出，马克思“请您马上把他的论拿破仑的文章的五篇寄回，如果您不能刊登的话。也许，我们能把它们译成法文出版，虽然放弃德文的确很可惜”。“我的丈夫认为，最好您能在美国出版这东西，因为它肯定能收回成本；并且最好还能在德国推销，因为它对当前最重大的事件作出了历史的评价。”“为了不致拖延过久，您可以将每一篇单独刊登，因为这些东西非常引人注意。然后可以把所有这些并在一起。今天寄上第五篇，下星期五他将寄上第六篇——结尾部分。我再说一遍，**请您尽力将这部著作印成小册子**。如果办不到，请您把它寄回，——无论如何必须把它出版。”[③]

魏德迈在1852年4月9日的信件中提及：“出版这本小册子所面临的困难，终于因得到意料之外的帮助而克服了。在我上一次的信发出以后，我遇到了我们法兰克福的一个工人，他是一个裁缝，今年夏天刚刚来到这儿。他把自己省下来的四十美元全部交给了我，供我使用。”[④] 马克思在致阿道夫·克路斯的信件中谈及《雾月十八日》即将出版的欣喜之情，也非常满意：“你那封令人感到《波拿巴》有出版希望的信（4月19日接到的），使我特别高兴，因为对于我的妻子的非常柔软的性格来说，这件事一定又会使她振奋起来……”[⑤] 1852年5月，魏德迈以单行本形式将这部论著作为不定期刊物《革命》的第一期出版，却

① 《马克思恩格斯全集》第28卷，北京：人民出版社1973年版，第490页。

② 《马克思恩格斯全集》第28卷，北京：人民出版社1973年版，第495页。

③ 《马克思恩格斯全集》第28卷，北京：人民出版社1973年版，第643—644页。

④ 约瑟夫·魏德迈致马克思的信（1852年4月9日），参见梅林：《新近为卡·马克思和弗·恩格斯的传记而写的文章》，载《新时代》德文版第25卷，第二册，第103页；转引自海因里希·格姆科夫等：《马克思传》，侯廷镇等译，北京：人民出版社2000年版，第176页。

⑤ 《马克思恩格斯全集》第28卷，北京：人民出版社1973年版，第518页。

在扉页和自己写的前言中误将标题写成了《路易·拿破仑的雾月十八日》。[①] 恩格斯在评价《雾月十八日》的出版技术工作时指出："很可惜铅字太小，开本太大，这给阅读增添很大困难，特别是在碰到歪曲意思的刊误的时候，当然，由于经费不足，要避免这种情况是不可能的。"[②]

二 《雾月十八日》的世界传播

1851年12月2日波拿巴政变是当时欧洲政治的重要事件，成为很多著作的主题。其中维克多·雨果的《小拿破仑》、蒲鲁东的《从十二月二日政变看社会革命》两部著作当时特别有名，而且给作者带来了丰厚的报酬，但是《雾月十八日》却并未如此幸运。然而时过境迁，它们的命运却发生了相反的变化。正如梅林所说的："马克思的著作问世时，和那两个更幸运的姊妹相比就好像灰姑娘一样。但是那两部著作早已被遗忘的尘埃掩盖了，而马克思的著作却至今仍然放射着不朽的光辉。在这部闪烁着智慧和机智的著作中，马克思以前无古人的技巧，以历史唯物主义的观点透彻地分析了当代的事件。这部著作的形式和它的内容一样辉煌。"[③]

（一）"不合时宜"的遭遇与转折

相比于《法兰西阶级斗争》和《科隆共产党人案件》，《雾月十八日》现在得到更为广泛的传播。然而在马克思时代事情却截然相反。1852年5月25日前后，《雾月十八日》开始在美国销售。事与愿违，销路极差。然而伦敦同盟支部的成员以及马克思和恩格斯在英国和欧洲

① 吴学琴主编：《马克思主义著作选读》，合肥：安徽人民出版社2008年版，第270页。
② 《马克思恩格斯全集》第28卷，北京：人民出版社1973年版，第531页。
③ 〔德〕梅林：《马克思传》，樊集译，北京：人民出版社1985年版，第271页。

大陆上的为数众多的朋友和熟人都收到了《雾月十八日》。[①] 当时魏德迈印刷了1000份《雾月十八日》，将其中近三分之一都寄往欧洲；数百份输送到德国，但并没有在真正的书籍市场上出售过。1852年1月23日，恩格斯致信魏德迈中曾提到《革命》的发行问题，“五十本《革命》太多了，可能要付很大一笔钱，即每次要付四先令甚至更多的钱。由于到处进行逮捕，人们各奔东西等，以及由于德国的出版法，在这里只能指望有少数的订户，而在德国——也许只有在汉堡才能指望有几个订户。因此分发试刊没有什么用处。”[②]

大概从1852年8月初，马克思设法安排《雾月十八日》在德国出版，也试图出版英文版。在1852年8月至9月间，马克思试图在德国出版此书，但一切尝试都未成功。马克思曾经在1869年《雾月十八日》第二版序言中提到：“当我向一个行为极端激进的德国书商建议销售这种刊物时，他带着真正的道义上的恐惧拒绝了这种‘不合时宜的要求’。”[③] 保尔·拉法格指出：“他的《雾月十八日》完全无人注意，这部著作证明1848年所有的历史学家和政论家，只有马克思一个人才了解1851年12月2日那次政变的原因和结果。虽然这本书是谈论当前的重大问题，但却没有一家资产阶级的报纸提到过它。”[④] 1852年9月，马克思希望用英文出版《雾月十八日》，以扩大《雾月十八日》在世界范围的影响。当时马克思找到共产主义同盟盟员皮佩尔翻译第一章，并请求琼斯翻译这部著作，并希望在其主办的《人民报》上刊登。琼斯起初答应了，但是并没有兑现诺言，因而没有出版。恩格斯邀请共产主义者同盟盟员皮佩尔翻译，并经恩格斯润饰过的《雾月十八日》在10月底正式出版英译本，但同样销路不畅。当马克思收到由魏德迈在纽约

---

① 《〈路易·波拿巴的雾月十八日〉的写作和出版情况》，载《马克思恩格斯研究》1992年第8期，第214、217页。

② 《马克思恩格斯全集》第28卷，北京：人民出版社1973年版，第479页。

③ 《马克思恩格斯文集》第2卷，北京：人民出版社2009年版，第465页。

④ 〔德〕保尔·拉法格：《回忆马克思》，载中央编译局编译《回忆马克思》，北京：人民出版社2005年版，第202页。

出版的《雾月十八日》后，1852 年 12 月 11 日和 18 日琼斯两次在《人民报》上发表了对此书的评论，这是《雾月十八日》最早的评论性文章。

直到 1869 年书籍市场的需求以及德国朋友的催促，才促使马克思安排汉堡出版商奥·迈斯纳在汉堡出版了第二版。当时俾斯麦在发动普法战争之前，企图效仿波拿巴的政变。马克思这时决定再版《雾月十八日》。1869 年 1 月底，马克思在给恩格斯的信件中，谈及他准备重版《雾月十八日》，并告诉恩格斯，迈斯纳愿意承担该书的出版工作。1869 年 5 月 21 日马克思致信恩格斯："迈斯纳一星期前给我寄来《雾月十八日》的第一个印张，并保证说，现在工作将'迅速'进行。"[①] 再版前，马克思重新审订了原文，改正了印刷错误，删去了重复的语句，节略了某些段落，将书名改为《路易·波拿巴的雾月十八日》。马克思于 6 月中旬才收到最后一批校样，6 月 23 日撰写了序言并寄给迈斯纳。迈斯纳收到马克思寄来的校样和序言后，于 7 月 20 日在汉堡出版了《雾月十八日》德文版。

德国资产阶级报刊对《雾月十八日》新版竭力保持沉默。德国《人民报》只是在 1870 年 8 月 16 日才发表了该书出版的消息，同时刊登了序言。《雾月十八日》新版出版后，马克思立即寄给恩格斯数本，7 月 24 日当恩格斯收到书后在给马克思的回信中称赞"这本书装帧很好，没有印错的字，读起来好得多。序言很好"[②]。

在《雾月十八日》中，马克思无情地控诉了路易·波拿巴这个暴发户，因此这本书要在法国出版，是根本不可想象的。由于在波拿巴政变之后紧接着发生了科隆共产党人案件，马克思要找到一个出版人就更加困难了。[③] 1885 年 7 月《雾月十八日》第三版出版后，恩格斯于同年

① 《马克思恩格斯全集》第 32 卷，北京：人民出版社 1974 年版，第 302 页。

② 李佩龙等：《〈路易·波拿巴的雾月十八日〉的写作、出版和传播》，载《宁夏大学学报（人文社会科学版）》1983 年第 1 期，第 18 页。

③ 〔德〕梅林：《马克思传》，樊集译，北京：人民出版社 1985 年版，第 275 页。

7月至8月间开始审阅由法国社会主义者爱·福尔坦翻译的《雾月十八日》法文版。恩格斯与福尔坦通信，商谈关于在法国工人党机关报《社会主义者报》上发表这一译文的可能性。福尔坦知道《雾月十八日》是描写法国1848-1852年杰出的历史著作，所以想把它译成法文。此外，拉维涅也在翻译，但是恩格斯还是决定采用福尔坦的译本。法文本终于在1891年1月发表在法国《社会主义者报》上，在利尔德劳利出版社出版了单行本。①

即使如此，"不合时宜"的著作也在马克思主义者中影响广泛，受到了极大的关注。克路斯和魏德迈在其文章中多次援引《雾月十八日》并注明引自马克思的这部著作。1860年，卡尔·福格特还在美国一些德文地方小报上与之进行论战。19世纪60年代，马克思的《雾月十八日》不仅对于捍卫共产主义政党独立的政治立场，而且为反对波拿巴主义提供原则的和科学的论据，具有重大的现实意义。1862年以来，俾斯麦在普鲁士推行一项实质上是波拿巴主义的政策。② 作为马克思的亲密合作者恩格斯充分强调《雾月十八日》的意义，在《雾月十八日》第三版序言中明确地指出："的确，这是一部天才的著作。"③《雾月十八日》被视为验证马克思的唯物史观的范例，也被赋予科学的内涵。在《法兰西阶级斗争》和《雾月十八日》中，马克思是"用他的唯物主义观点一定从经济状况出发来说明一段现代历史的初次尝试"④。

1896年，德国和国际工人运动的著名活动家威廉·李卜克内西指出："马克思在《路易·波拿巴的雾月十八日》中为1851年12月2日的政变立了一块耻辱的碑石，就像但丁的《恐怖的三重唱》那样永恒

① 李佩龙等：《〈路易·波拿巴的雾月十八日〉的写作、出版和传播》，载《宁夏大学学报（人文社会科学版）》1983年第1期，第18页。

② 《〈路易·波拿巴的雾月十八日〉的写作和出版情况》，载《马克思恩格斯研究》1992年第8期，第215—216、221页。

③ 《马克思恩格斯文集》第2卷，北京：人民出版社2009年版，第468页。

④ 《马克思恩格斯全集》第22卷，北京：人民出版社1965年版，第591页。

不朽。”[①] “能够说《路易·波拿巴的雾月十八日》不能理解吗？难道直飞目标而深深刺入肉体的箭不能理解吗？难道妙手掷出、正中敌人心窝的投枪不能理解吗？《路易·波拿巴的雾月十八日》的语言就是箭和投枪，它的风格是用火烙，用刀杀。如果憎恨、轻蔑、对自由的热爱曾经在什么地方用燃烧、破坏和激昂的语言表达过，那就是在《路易·波拿巴的雾月十八日》这部著作中。这部著作把塔西佗的严肃的愤怒、尤维纳利斯的尖刻的讽刺和但丁的神圣的怒火综合在一起了。这种风格在这里就是 stilus，即最初罗马人拿在手里的那种用以书写和刺戳的尖锐钢刀。这种风格是一把真正刺中心窝的匕首。”[②] 第一部《马克思传》的作者梅林视《雾月十八日》为马克思的小部头历史著作宝库中最晶莹灿烂的宝石。梅林认为：“在这部闪烁着智慧和机智的著作中，马克思以前无古人的技巧，从历史唯物主义的观点透彻地分析了当代的事件，这部著作的形式和它的内容一样辉煌。”[③]

意大利第一个马克思主义哲学家拉布里奥拉因撰写《纪念〈共产党宣言〉》，而被恩格斯称之为“严肃的马克思主义者”。1896 年 3 月，拉布里奥拉指出了《雾月十八日》对于理解唯物史观的意义：“正是他作为这个学说的基本原理的第一个和主要的创造者，很快地把这个学说变成政治理解的工具，成为 1848—1849 年革命时期的首屈一指的政论家。稍后，他在他的著作《路易·波拿巴的雾月十八日》中最彻底地运用了这个学说；就是在许多年和多次再版后的今天，我们可以说，这部著作——除了一些小的细节和个别的错误预言——不需要作任何修正和补充。”[④] 拉布里奥拉认为：“阐述路易·波拿巴的雾月十八日的著作

---

① 〔德〕威廉·李卜克内西：《纪念卡尔·马克思——生平与回忆》，载中央编译局编译《回忆马克思》，北京：人民出版社 2005 年版，第 56 页。

② 〔德〕威廉·李卜克内西：《纪念卡尔·马克思——生平与回忆》，载中央编译局编译《回忆马克思》，北京：人民出版社 2005 年版，第 31 页。

③ 〔德〕梅林：《马克思传》，樊集等译，北京：人民出版社 1965 年版，第 278 页。

④ 〔意〕安东尼奥·拉布里奥拉：《关于历史唯物主义》，杨启遴等译，北京：人民出版社 1981 年，第 133 页。

则是把新的历史观运用于有严格时间界限的一系列事实的第一个尝试。”[①] 马克思在《雾月十八日》中所提及的集团、霸权以及领导权等概念深刻地影响着意大利共产党创始人之一葛兰西。葛兰西提及《雾月十八日》时认为：“有人说，政治和意识形态的任何一次波动都可以当作基础的直接反映来加以描述和说明，并把这说成是历史唯物主义的一条基本原理。对于这种主张，必须当作一种原始的幼稚病从理论上加以驳斥，同时还要用具体的政治和历史著作葛兰西的作者马克思提供的真凭实据在实践中大力反对。从这一角度来看，特别重要的著作有《雾月十八日》和关于东方问题的文章，以及其他的论著（《德国的革命和反革命》《法兰西内战》）和一些短文。”[②]

在苏东共产党人中，列宁认为，与《共产党宣言》相比，马克思在《雾月十八日》中的精彩论述向前迈进了一大步。“在那里，国家问题还提得非常抽象，只用了最一般的概念和说法。在这里，问题提得具体了，并且作出了非常准确、明确、实际而具体的结论：过去一切革命都是使国家机器更加完备，而这个机器是必须打碎，必须摧毁的。这个结论是马克思主义国家学说中主要的基本的东西。”马克思的学说在这里也像其他任何时候一样，是由深刻的哲学世界观和丰富的历史知识阐明的经验总结。[③] 克莱恩重点解读了“革命是历史的火车头”的论断以及无产阶级专政学说。他认为马克思以说明现代史的形式对革命事件进行广泛的研究，这种研究“也就失去了革命日报通过每日干预运动和直接成为运动的喉舌所具有的优点”。[④]《雾月十八日》对各种国家形式的转换及其原因以及对于国家机器的作用的研究，使马克思得出了无产阶级专政的本质的新结论。

---

① 〔意〕安东尼奥·拉布里奥拉：《关于历史唯物主义》，杨启遴等译，北京：人民出版社 1981 年，第 27 页。

② 〔意〕葛兰西：《葛兰西文选》，李鹏程编，北京：人民出版社 2008 年版，第 236 页。

③ 《列宁选集》第 3 卷，北京：人民出版社 1995 年版，第 133—134 页。

④ 〔东德〕马·克莱恩：《马克思主义哲学史》，北京：中国人民大学出版社 1983 年版，第 338 页。

在《雾月十八日》一书中，马克思以法兰西共和国为例，证明在资产阶级共和国的范围内，不可能消除工人阶级受剥削的现象在这部著作中，他第一次表达出这样一种思想，即无产阶级在革命胜利以后，不应该接过反动的、资产阶级的国家机器及其一切军事的、官僚主义的、为压迫人民群众而建立的机构，而是必须把国家机器砸碎。在无产阶级领导下，摧毁旧的国家机器，建立新的国家权力机关，实现从资本主义社会到共产主义社会的过渡——马克思把这些总称为“无产阶级专政”。[①]

（二）《雾月十八日》的广泛传播

《雾月十八日》出版后，当时一些评价本书的作者一般也把这部著作仅仅看成是分析法国事件及形势的政治论著。魏德迈所写的介绍文章指出：“卡尔·马克思在《纽约论坛报》上发表题为〈德国革命与反革命〉的连载文章（这些论文是恩格斯写的，发表时用的是马克思名字——引者注），在文章中他描述了德国革命发展的当前形势。他用类似的方式在他的〈雾月十八日〉中叙述了法国的形势。”[②] 另一个作者埃卡留斯则指出，这本书“为波拿巴篡权的历史提出了不仅是第一个，而且是唯一的一个有权威的说明”。它“是唯一的一部同时既满足历史的要求，又满足当代人对理解所从事的革命运动的需要的著作”[③]。但是他们还没有指出这部著作的重大意义，更没有以方法论为指导对其进行诠释。

《雾月十八日》传播过程的一个重要事件是《雾月十八日》英译本的出版。1897 年 9 月 12 日至 11 月 14 日，丹尼尔·德利昂（Daniel De

① 〔德〕海因里希·格姆科夫等：《马克思传》，侯廷镇等译，北京：人民出版社 2000 年版，第 175—176 页。

② 〔德〕约瑟夫·魏德迈：《路易·波拿巴的雾月十八日》一书序言，载《约瑟夫·魏德迈——美国社会主义的先驱》一书的附录。

③ 〔德〕格奥尔格·埃卡留斯：《政变文献评价》，载《马列著作编译资料》第 8 辑，北京：人民出版社 1980 年版，第 19、5 页。

Leon）将《雾月十八日》翻译成英文，以连载的方式发表在美国社会主义劳动党官方机构《人民报》（*The People*）周刊上。美国共产党主办的纽约国际出版公司（1935年、1963年、1972年、1987年等重印）在1897年12月首次出版了英文版本，[①] 而且指出西奥多·罗斯福与路易·波拿巴的惊人相似之处。德利昂在译者序言中指出，《雾月十八日》是马克思最深邃且富有才气的专题论文之一，是最优秀的历史著作之一。专门出版马克思主义著作的芝加哥查尔斯·克尔公司（1913年再版）、密歇根大学图书馆（1926年再版）分别在1907年出版了《雾月十八日》；艾伦 & 安文公司在1926年（1939年、1943年再版）出版了《雾月十八日》。[②]

《雾月十八日》最早的俄文版是1894年在日内瓦出版的，同时恩格斯的序言也刊登在该书的第一版上。1905年至1906年由克里切夫斯基翻译的《雾月十八日》俄文版在日内瓦出版。1932年，苏联出版了《雾月十八日》，而且这个版本是把马克思自己在这部著作第二版去掉了的部分完全保存下来的唯一版本。1940年，苏联马克思恩格斯学院又出版了根据两卷集翻印的新版《雾月十八日》。[③] 纽约劳动新闻公司1951年、阿普尔顿世纪调查公司1955年分别出版了《雾月十八日》。国际图书有限公司、中央图书有限公司分别在1969年、1977年出版了《雾月十八日》。

三 《雾月十八日》在中国的传播与影响

《雾月十八日》在中国有着较长的出版和传播史并产生了一定的影

① Karl Marx, *The Eighteenth Brumaire of Louis Bonaparte*, New York: the International Publishing Comoany, 1897.

② Karl Marx, *The Eighteenth Brumaire of Louis Bonaparte*, Chicago: Charles H.Kerr Company, 1907; *The Eighteenth Brumaire of Louis Bonaparte*, University of Michigan Library, 1907; *The Eighteenth Brumaire of Louis Bonaparte*, London: G.Allen & Unwin,Ltd., 1926.

③ 李佩龙等：《〈路易·波拿巴的雾月十八日〉的写作、出版和传播》，载《宁夏大学学报》（人文社会科学版）1983年第1期，第18页。

响。1919 年 12 月，胡汉民在国民党理论刊物《建设》杂志发表《唯物史观批评之批评》一文节译了《雾月十八日》（当时译为《法兰西政变论文》），是最早见诸中文的节译本，为《雾月十八日》所蕴含的唯物史观、社会心理观在中国的传播提供了当时最为详尽的原文。① 1920 年 3 月，李大钊倡导成立了“北京大学马克斯学说研究会”。那时研究会已有马克思主义的英文书籍四十余种，中文书籍二十余种，其中英文书籍包括《雾月十八日》。②《雾月十八日》最早的中译本是由陈仲涛翻译的《拿破仑第三政变记》，由上海江南书店在 1930 年 5 月出版的。③ 吴黎平（吴亮平的笔名）在其编译的《辩证法唯物论与唯物史观》中附录三《唯物史观研究大纲》中将陈仲涛所翻译的版本列为理解马克思主义社会发展、社会变革、个人在历史中的作用、唯物史观意义等方面的补充参考书。这对于《雾月十八日》在中国的传播起到了不可低估的作用。

1938 年 5 月 5 日是马克思诞辰 120 周年纪念日，中共中央在延安建立了第一所马列学院（历史上第一个专门编译马列著作的机构），不久又建立了中共中央出版发行部，统一领导中共的出版发行工作。中央出版发行部以“解放社”的名义出版《马克思恩格斯丛书》，其中包括《拿破仑第三政变记》。1940 年柯柏年译、吴黎平校的《拿破仑第三政变记》单行本在解放出版社出版。④ 赵俪生也讲述了其与《雾月十八日》的机缘。”在一九四零年春，我在西安偶尔从旧书摊上买到一本著着一位日本人姓名的伦敦版英译的《拿破仑第三政变记》。买后不久，立刻就动手翻译。译到一多半时，柯译本出版的消息便在重庆的《大公

① 李其驹：《马克思主义哲学在中国》，上海：上海人民出版社 1991 年版，第 77—78 页。

② 胡永钦等：《马克思恩格斯著作在中国传播的历史概述》，载《马克思恩格斯著作在中国的传播》，北京：人民出版社 1983 年版，第 252 页。

③ 参见上海出版大事记，http://www.shtong.gov.cn/node2/node2245/node4521/node29047/userobject1ai54450.html。

④ 〔德〕马克思：《拿破仑第三政变记》，柯柏年译，吴黎平校，延安：延安解放出版社 1940 年版。

报》和《新华日报》上刊出了。因此，我中止了翻译。那多半部的译稿在某次特务搜查中埋在砖底下的土里，后来竟完全朽烂了。这便是我与《拿破仑第三政变记》一书的因缘。”①

柯柏年按英文本并对照德文本译出《拿破仑第三政变记》，此后吴黎平按俄文本、英文本并参照德文本校对。② 尽管当时柯柏年在译本中列出了《雾月十八日》的英文标题，但是由于大家将其意译为《拿破仑第三政变记》而采取从众的态度，却将英文标题翻译为《路易·波拿巴底二月十八日》。该版本收录了马克思为第二版撰写的序言以及恩格斯为第三版撰写的序言。1940 年 8 月，上海生活书店以“世界学术名著译丛”名义出版翻印或新译解放社出版的马克思恩格斯著作，其书名仍为《拿破仑第三政变记》。“当年每本书出版时印数可能有两千册左右。纸张多用马兰草纸，质量不好，只有发给中央委员们的书才用白报纸印，我们译者也可拿到一本白报纸本的赠书。我们的书在解放社出版后，往往很快就在重庆重印出版。”③ 柯柏年等在《译校者关于本书内容的一点说明》中高度评价了其意义。

> 在《拿破仑第三政变记》这书中，马克思如此英明地深刻地分析了法国这一时期的历史事变，如此具体地光辉地运用唯物史观的伟大理论，使得这一著作（和马克思的其他著作一样）虽然到现在差不多经过了九十年，还不仅没有丝毫丧失而反是日益显示其内容的正确与意义的伟大。这真是一部万古不磨的、百读不厌的名著。书上的文字是非常美丽的、有力的。在文字上说，这

① 赵俪生：《略评〈拿破仑第三政变记〉柯译本》，载《文史学的新探索》，上海：海燕书店 1951 年版，第 187 页。

② 杨荟娟：《抗日战争时期马列著作翻译的特点》，载《高校讲坛》2010 年第 19 期。

③ 何锡麟：《回忆在延安翻译马列经典著作的情况》，载《马克思恩格斯著作在中国的传播》，北京：人民出版社 1983 年版，第 129 页。

部名著也可在文学上占最高的位置。①

对于《法兰西阶级斗争》和《拿破仑第三政变记》两本书，柯柏年曾回忆道："有种论点认为，这两本书不是马克思的主要著作。其实，恰恰相反。马克思正是在这两本书里应用他的唯物史观剖析了他所处时代的重大事件。如果我们要学习马克思的理论，学习他如何应用其理论，那就必须仔细钻研这两本书。特别值得注意的是，恩格斯为《拿破仑第三政变记》所写的绪论。在这篇绪论里，恩格斯用唯物史观解释了法、德两国从十九世纪中期到十九世纪末期这几十年的历史，并对未来的革命做了分析和预见。"②

抗战胜利后，1947 年 9 月，这本书由解放社出版了"胜利后的一版"。新中国成立后，重印的《雾月十八日》仍是上述"胜利后的一版"。1949 年，哈尔滨的新华书店、北京的人民出版社、上海的光华书店等再次以《拿破仑第三政变记》为书名出版了《雾月十八日》。特别是，人民出版社在 1953 年、1954 年两次印刷了该书。同年马列学院编写了《关于学习"拿破仑第三政变记"的参考材料》，编者在其后记中强调"这本书不甚易读，尤其是书中用典甚多，而且都是我们所不甚熟悉的外国典故，若对于这些典故不能了解，也就很难领会马克思的文章的妙处，因而障碍着领会文件的精神实质"。这些书在新中国成立后都曾再版或重印，但后来在有了中央编译局的译本后就不再印行了。

1950 年 12 月人民出版社成立以后，马列著作的编辑出版工作开始有了集中统一的规划。一方面把过去的译本（包括解放社版和三联书店版）重新校订后统一用人民出版社的名义出版；一方面组织翻译新的译本，苏联外国文书籍出版社的版本也经过原译者校订译文后重新排印出

① 〔德〕马克思：《拿破仑第三政变记》，柯柏年译，吴黎平校，延安：延安解放出版社 1940 年版，第 4 页。

② 柯柏年：《我译马克思和恩格斯著作的简单经历》，载《马克思恩格斯著作在中国的传播》，北京：人民出版社 1983 年版，第 32 页。

版。1951年至1953年间，除人民出版社外，其他数家出版社也零星出版过一些马列著作。1953年以后马列著作基本上都统一由人民出版社出版了。《马克思恩格斯文选》第1卷集中编载了马克思的关于19世纪法国历史的三篇著作，以“路易·波拿巴政变记”为题名收录了《雾月十八日》的全文，视其为运用历史唯物主义方法分析具体历史事变的光辉范例。[①] 1955年2月26日，《人民日报》第三版对《马克思恩格斯文选》第1卷内容进行了介绍，包括《雾月十八日》。

1953年1月，中共中央成立了马克思恩格斯列宁斯大林著作编译局（简称中央编译局），其任务是有系统有计划地翻译马恩列斯的全部著作。中央编译局根据1955年开始出版的《马克思恩格斯全集》俄文第二版并参照德文原著译出的《马克思恩格斯全集》（第8卷）中文第一版收入了《雾月十八日》一文。《马克思恩格斯全集》俄文第二版所收的《雾月十八日》是根据1869年德文版本翻译的。编者援引了苏共中央马克思列宁主义研究院的《第八卷说明》指出，《雾月十八日》“是科学共产主义的最卓越的著作之一。这一分析历史事件并从理论上加以概括的天才著作，同时也是革命政论的真正杰作”[②]。特别是，编译者在《马克思恩格斯全集》（第8卷）中文第一版中首次根据原著标题译为“路易·波拿巴的雾月十八日”，但并没有将马克思、恩格斯分别所写的两个序言编译在内。1962年，人民出版社据此出版了《路易·波拿巴的雾月十八日》一书，把1954年出版的《马克思恩格斯文选》中马克思、恩格斯的两篇序言其纳入此书中。[③]

1958年，中国青年出版社编辑出版的《马克思恩格斯列宁斯大林著作介绍》中介绍了《雾月十八日》历史背景、主要内容以及学习意义。编者认为：“这是《法兰西阶级斗争》一书的续篇，不仅科学总结了一八四八年法国革命历史经验，而且在科学社会主义理论方面作出了

---

① 《马克思恩格斯文选》第1卷，北京：人民出版社1954年版，第219—321页。

② 《马克思恩格斯全集》第8卷，北京：人民出版社1961年版，第XIII页。

③ 《路易·波拿巴的雾月十八日》，北京：人民出版社1962年版。

关于打碎旧国家机器的新结论，论述了工农联盟等重要原理。"① 编者强调《雾月十八日》在马克思主义发展史上的重要地位，对于全世界无产阶级革命实践的指导意义，视其为分析历史事件并从理论上加以概括的天才著作，是科学社会主义的一篇重要著作。

《马克思恩格斯选集》第1—4卷是中央编译局根据《马克思恩格斯全集》中文版选编，收录了马克思和恩格斯在各个时期的重要著作110篇，书信96封，共180万字。《马克思恩格斯选集》最早是重印苏联出版的谢唯真校订的《马克思恩格斯文选》两卷集，中央编译局编译的第一版四卷本《马克思恩格斯选集》是1966年6月出版的。当时文化大革命刚刚爆发，没有好好发行。1971年，在全国出版工作座谈会上，周恩来总理指示要出版马克思恩格斯和列宁的两部选集。中央编译局遵照周总理的指示，于1972年将编校后的《马克思恩格斯选集》第1—4卷交人民出版社出版，因1966年的版本基本没有发行，故这部《马克思恩格斯选集》就作为第一版第二次印刷。编者认为："在这部著作里，马克思运用唯物史观，特别是阶级和阶级斗争的理论，深刻地分析了一八四八年法国革命的几个阶段，科学地阐明了路易·波拿巴政变的原因、实质及其结局，进一步发展了马克思主义国家学说和工农联盟的原理，第一次提出了关于胜利的无产阶级必须打碎资产阶级国家机器的结论。"②

改革开放新时斯，中央编译局根据党中央要求适应新时期马克思主义中国化的需要，为深入学习和研究马克思主义理论提供译文更准确、资料更翔实的马恩原著，决定编译一部中国版的《马克思恩格斯全集》，即《全集》第二版（即MECA版，又称国际版）。这个历史考证版收集的马克思恩格斯著作完全是他们的原始文字，主要是德文，也有

① 《马克思恩格斯列宁斯大林著作介绍》，北京：中国青年出版社1958年版，第85页。
② 《〈马克思恩格斯选集〉简要介绍》，沈阳：辽宁人民出版社1974年版，第94页。

英文、法文、意大利文、西班牙文等[①]。中央编译局完全按照马克思恩格斯的原文翻译。《马克思恩格斯全集》（第11卷）收入马克思和恩格斯在1851年8月至1853年3月所写的政治论著、时事评论、声明和文件，包括《雾月十八日》。[②] 在该版中，编者添加了《雾月十八日》1852年版本中部分内容的注释。1995年，在纪念恩格斯逝世一百周年之际，中央编译局又重编出版了《马克思恩格斯选集》四卷本的第二版，也就是拨改革开放以后的新版本。新版《马克思恩格斯选集》第1—4卷，是中央编译局在原版基础上，根据《马克思恩格斯全集》俄文版和德文版的新版本译校而成，内容有一些调整。新版《马克思恩格斯选集》第1卷1843—1859年的著作，包括《雾月十八日》。[③] 相比于《马克思恩格斯全集》第二版所收录的《雾月十八日》，《马克思恩格斯选集》第二版增添了马克思所撰写的《1869年第二版序言》和恩格斯所写的《1885年第二版的序言》。

2001年，中央编译局编译出版了《雾月十八日》的单行本，[④] 又根据党中央实施马克思主义理论研究和建设工程规划的新要求，着手编辑了10卷本的《马克思恩格斯文集》，其中第2卷收录了《雾月十八日》一书，这是《雾月十八日》最新的版本。

（本文来自2013年中央编译出版社出版的白云真所著《马克思〈路易·波拿巴的雾月十八日〉研究读本》有关内容。）

① 中央编译局研究员张奇方先生在审读文稿时指出了添加意大利文、西班牙文的批注，深表谢意。

② 《马克思恩格斯全集》第11卷，北京：人民出版社1995年版。

③ 《马克思恩格斯选集》第1卷，北京：人民出版社1995年版。

④ 〔德〕马克思：《路易·波拿巴的雾月十八日》，中央编译局译，北京：人民出版社2001年版。

目 录

卡・馬克思著

路易・波拿巴政變記*

卡・馬克思爲本書第二版作的序言

我的不幸早逝的朋友衛登麥爾[1]，曾打算從一八五二年一月一日起在紐約出版一個政治週刊。他曾請求我給這個雜誌寫一篇政變史。根據這個請求，我一直到二月中旬止，每週都爲他撰寫論文，總標題是路易・波拿巴政變記。這時，衛登麥爾原來的計劃遭受了失敗。但他在一八五二年春季已開始出版命名爲革命雜誌的月刊了，月刊第一期的內容就是我的路易・波拿巴政變記。這篇著作有數百份那時已深入德國境內，不過沒有在眞正的書籍市場上出售過。當我向一個自命極端急進的德國書商建議銷售我這本書的時候，他的答覆是對這種『不合時宜的企圖』表示眞正道義的驚愕。

從上述事實中就可看出，本書是根據對於事件的直接觀感寫成的，其中所研究的歷史材料只是截至一八五二年二月止。現在把它再版發行，一方面是由於書籍市場上的需求，另一方面是由於我那些在德國的友人們的堅持。

在與我這部著作差不多同時出現並且是專論同一問題的著作中，値得注意的只有兩部：雨果著的小拿破崙和蒲魯東著的政變。

[1] 衛登麥爾在美國南北戰爭時期担任過聖路易區軍事長官職務。（這是馬克思加的附註。）

★ 本内容来自莫斯科外国文书籍出版局出版的《马克思恩格斯文选》一书。

雨果只是對政變事件負責發動人作了一些辛辣的和詼諧的詈罵。事變本身在他筆下却竟繪成了晴天的霹靂。他認爲這個事變只是一個人的暴力行爲。他沒有覺察到，當他說這個人表現過世界歷史上空前強大的個人主動作用時，他就不是輕蔑而是抬舉了這個人哩。蒲魯東呢，他想要把政變描述成爲先前歷史發展的結果；但是，他對於這個政變所作的歷史的說明，却不知不覺地變成了對於政變主人公所作的歷史的辯護了。這樣，他就陷入了我們那班所謂客觀歷史家所犯的錯誤。反之，我所作的論述是說明法國階級鬥爭怎樣創造了一些條件和情勢，使得一個平凡而可笑的人物能扮演了英雄的角色。

現在來對本書加以修改，就會使它失去它特有的色彩。因此，我只限於改正刊誤，並刪掉那些現在已經是不能理解的暗示。

我這部著作的結語——『但是，如果皇袍一旦終於落在路易・波拿巴身上，拿破崙的銅像就將從樊多姆圓柱頂上顛覆下來了』——這句話已經實現了。

沙拉斯上校在他論一八一五年遠征的著作中，開始了反對崇拜拿破崙偶像的攻擊。從那時起，特別是在最近幾年中，法國的出版物用進行歷史研究、批評、諷刺和詼諧作爲武器澈底打破了關於拿破崙的奇談。在法國境外，這個一反傳統民衆信仰的激烈轉變，這個巨大的精神革命，很少使人注意，更不大爲人所理解。

最後，我希望，我這個著作對於掃除那種流行的——現今特別在德國流行的——關於所謂愷撒主義的童蒙詞句，將會有所幫助。在作這種膚淺的歷史的比擬時，人們忘記了主要的一點，卽在古代的羅馬，階級鬥爭只是在享有特權的少數人內部進行過，只是在自由富人與自由窮人之間進行過，而從事生產的廣大民衆，卽奴隸，則不過是戰鬥者的消極台柱。人們忘記了西思蒙第所說的一句中肯的評語：羅馬的無產階級依靠社會過活，而現代社會則依靠無產階級過活。由於古代階級鬥爭與現代階級鬥爭在物質經濟條件方面有這樣的根本區別，所以由這種鬥爭所產生的政治人物之間，也就不能有比坎特伯雷大主教與祭司長撒姆依爾之間所有的更多的共同點。

卡爾・馬克思

一八六九年六月二十三日，倫敦

卡・馬克思專爲其路易・波拿巴政變記一書一八六九年在漢堡出版的第二版而作。

按第二版本文刊印。原本係德文。

弗・恩格斯爲本書德文第三版作的序言

路易・波拿巴政變記在初版問世三十三年後還有印行新版之必要，就是證明這部著作至今還沒絲毫失去自己的價值。

的確，這是一部天才的著作。在一個事變——這個事變像晴天霹靂般震驚了整個政治界，這個事變在一些人中間受到了道義忿怒的高聲叫罵，在另一些人中間被看作是從革命中解救出來的出路和對於革命誤入歧途的懲罰，但是這個事變在所有一切人們中間都是只引起過驚異，而却沒有被任何人瞭解的，——在這樣一個事變剛一發生之後，馬克思立卽發表一篇簡短的諷刺作品，裏面敘述了二月事變以來法國全部歷史過程的內在聯繫，把十二月二日的奇蹟解釋爲這種聯繫的自然和必然的結果，並且他這樣解釋時除了對政變主人公表示完全應該的輕蔑之外，是用不着採取其他的態度的。馬克思把圖畫描繪得如此巧妙，使得後來每一次新的揭露，都只是提供出一些新的證據來證明這幅圖畫曾是把現實反映得極爲眞確的。他對當前的活的歷史瞭解得如此卓越，他在事變剛剛發生時就把事變的意義洞察得如此明白，這眞是無可倫比的。

但要做到這個地步，曾需要有如馬克思那樣深知法國歷史的精湛知識。法國是這樣一個國家，那裏歷史上發生的階級鬥爭每一次都比其他各國更加達到澈底的結局；而這種階級鬥爭所藉以進展以及鬥爭結果所由以表現的變易更替的政治形式，也是在那裏造成得更爲確定。法國在中世紀是封建制度的中心，從文藝復興時代起是統一等級君主國的模範，它在大革命時期粉碎了封建制度而創立了純粹的資產階級統治，其所具有典型式的明顯性實爲歐洲任何其他國家所不及。而抬起頭來的無產階級反對那佔有統治的資產階級的鬥爭在這裏所表現的尖銳形式，也是其他各國所未見過的。正因爲如此，所以馬克思不只特別偏好地研究了法國過去的歷史，而且還詳細考察了法國當時的歷史，搜集材料以備將來使用。所以，事變是從來也沒有使他張皇失措的。

此外還有另一種情況。正是馬克思最先發現了偉大的歷史進展法則，按照這個法則，一切歷史上發生的鬥爭（不論它是在政治的、宗教的、哲學的領域中發生的，或是在任何其他意識形態領域中發生的），實際上只是各個社會階級彼此鬥爭的多少明顯的表現，而這些階級的存在以及它們之間的衝突，則是由它們經濟狀況的發展程度、生產的性質和方式及由生產所決定的交換的性質和方式來制約的。這個法則對於歷史的意義，是與『能力轉化律』對於自然科學的意義相同的，它在這裏也是供馬克思用以理解第二法蘭西共和國歷史的鑰匙。在本書裏，他用這段歷史檢驗了他所發現的這個法則的正確性；雖然時間已過了三十三年，但我們還是必得承認這個試驗獲得了光輝的成就。

弗利德里赫・恩格斯

弗・恩格斯專爲馬克思著路易・波拿巴政變記一書一八八五年在漢堡出版的第三版而作。

按照第三版本文刊印。原本係德文。

路易・波拿巴政變記

（一）

黑格爾在某一處說過：一切巨大的世界歷史事變和人物，可以說都出現兩次。他忘記補充一點：第一次是以悲劇出現，第二次是以喜劇出現。科西捷爾代替唐通，路易・勃朗代替羅伯斯庇爾，一八四八年至一八五一年的山岳黨代替一七九三至一七九五年的山岳黨，姪兒代替伯父。在霧月十八日事變再版的那些情況中，也可看出一幅同樣的漫畫。

人們自己創造自己的歷史，但他們這種創造工作並不是隨心所欲，並不是在由他們自己選定的情況下進行的，而是在那些已直接存在着的、既有的、從過去承繼下來的情況下進行的。一切死亡先輩的傳統，好像噩夢一般，籠罩着活人的頭腦。恰好在人們彷彿是一味從事於改造自己和周圍事物，並創造前所未聞的事物時，恰好在這樣的革命危機時代，他們怯懦地運用魔法，求助於過去的亡靈，借用它們的名字、戰鬥口號和服裝，以便穿着這種古代的神聖服裝，說着這種借用的語言，來演出世界歷史的新場面。例如，路德換上了傳教徒保羅的服裝，一七八九年至一八一四年的革命依次借用了羅馬共和國的服裝和羅馬帝國的衣裳，而一八四八年的革命就只知輪流勉強模仿一七八九年的往例和一七九三年至一七九五年的革命傳統。正好像一個剛學會外國語的學生，總是在心裏把外國語言譯成本國語言；只有當他能夠不用在心裏把外文翻成本國語言，當他運用新語言之際不去想本國語言時，他才算融會了新語言的精神，才算精通了新語言的用法。

在觀察世界歷史上這些召喚亡靈的魔法時，立卽就會看出它們中間的顯著的差別。德姆連、唐通、羅伯斯庇爾、聖柔斯特、拿破崙——所有這些舊法國革命時的人物以及黨派和人民羣衆——都是穿着羅馬的服裝和講着羅馬的詞句來實行了當代的任務，卽擺脫舊時枷鎖和建立現代資產階級社會的任務。有一些人粉碎了封建制度的基礎，割去了長在封建制度基地上的封建頭腦；另一個人在法國內部創造了一些條件，從而才保證有可能發展自由競爭、經營細塊地產和利用解脫桎梏的民族工業生產力，而他在法國境外則到處掃除了封建的體制，爲的是要給法國資產階級社會在歐洲大陸上創造一個符合時局要求的適當環境。但是，當新的社會形態剛一形成的時候，遠古的巨人連同所有復活一時的羅馬古董——所有這班布魯特、格拉克斯、普布利古拉、護民官、參議員以及愷撒本人——就消失不見了。冷靜求實的資產階級社會已是把塞伊、庫森、羅亞耶—科拉爾、本熱明・康斯坦和基佐之流當作自己眞正的解釋者和代表者了；此時它的眞正的統帥已是那些商務帳房裏的辦事人員，它的政治首領已是頭肥如豬的路易十八了。資產階級社會全然埋頭於財富的創造與和平的競爭，竟已忘記古代羅馬的幽靈曾守護過它的搖籃。但是，不管資產階級社會怎樣缺少英雄精神，然而它的誕生是曾需要過英勇行爲、自我犧牲、恐怖手段、內戰以及民族戰鬥的。在羅馬共和國典型般嚴肅的傳說中，資產階級社會的鬥士找到了必需的理想、藝術形式和幻想，爲的是不讓自己看見自己鬥爭的資產階級的狹隘內容，爲的是要把自己的熱情保持在偉大歷史悲劇的高度上。例如，在一世紀以前，在另一發展階段上，克倫威爾和英國人民爲了自己的資產階級革命，就曾借用過『舊約聖經』中的詞句、熱情和幻想。當眞正的目的已經達到時，當英國社會的資產階級改造已經實現時，洛克就代替了先知者阿娃庫的地位了。

由此可見，在這些革命中，使死人復生，是爲了讚美新鬥爭，而不是爲了勉強模仿舊鬥爭；是爲了提高某一任務在想像中的意義，而不是爲了迴避在現實中解決這個任務，——是爲了再度找到革命的精神，而不是爲了讓革命的亡靈重行遊蕩起來。

在一八四八年至一八五一年間，只是有舊革命的亡靈在那裏遊蕩，從改穿了老拜依服裝的那個戴柔皮手套的共和黨人馬拉斯特起，直到那個用死拿破崙的鉄面具把自己的鄙陋可厭的面貌掩蓋起來的冒險家止。自以爲藉助革命已加速了自己歷史發展的前進力量的整個民族，忽然感到自己被拖回到一個早已死滅的時代；而爲了要消除這方面的一切疑問，於是就把那些彷彿早已成爲古董東西的舊日期、舊年曆、舊名稱、舊佈告以及好像早已腐朽的舊憲兵復活起來。一個民族的感慨，就好像柏德蘭[1]那裏的一個癲狂的英國人的感慨一樣，這個英國人把自己想成是古代埃及國王的同代人，每天辛酸埋怨自己的困苦境遇，因爲他要在地下監獄般的愛西奧皮亞金鑛中辛苦勞動，頭上繫着一盞暗淡的油燈，後面跟着一些手持長鞭的奴隸監視人，金鑛洞口站着一大羣雜沓的野蠻兵士，他們既不懂勞役囚人的言語，又不懂他們自己相互之間的言語，因爲大家都是講着不同的語言。瘋癲的英國人嘆道：『我這個出身自由的不列顛人被迫忍受這一切，爲的是要替古代埃及國王找金子。』『爲的是要替波拿巴家族還債』——法蘭西民族嘆道。當這個英國人還是頭腦清醒時，他總不能撇開這種頑固的找金子的思想。當法國人從事革命時，他們總不能擺脫對於拿破崙的追念，而一八四八年十二月十日的選舉就是對於這點的證明。由於害怕革命方面的危險，他們曾轉回去追求埃及的肉鍋，而一八五一年十二月二日事件便是對於這點的報答。他們所得到的不祗是對於老拿破崙的漫畫，——他們所得到的是漫畫化的老拿破崙本身，他們所得到的是具有其在十九世紀中葉應有面目的拿破崙。

[1] 這是英國的一個瘋人院。——編者註。

十九世紀的社會革命不能從過去，而只能從未來取得自己的詩情。它在自己還沒有根本破除任何迷信式崇拜古舊事物的思想以前，是不能開始的。從前的革命曾需要對過去事物作世界歷史的回憶，爲的是要向自己隱瞞自己的內容。十九世紀的革命一定要讓死者們去埋葬他們自己的死者，爲的是要自己能弄淸自己的內容。從前是辭藻勝於內容，現在是內容勝於辭藻。

二月革命對於舊社會是一個意外事件，它使舊社會驚慌失措，而人民則把這個勇敢的打擊宣佈爲具有世界歷史意義的壯舉，以爲它會開闢一個新紀元。十二月二日，二月革命敗於狡猾的騙子手中，結果不是君主制度本身被消滅，而是以百年來的鬥爭從君主制度方面奪取來的自由主義的讓步被消滅了。結果不是使社會獲得了新的內容，而是反使國家回到了最古的形態，回到了由寶劍和僧衣實行無恥粗陋統治的狀態。一八五一年十二月的冒進行動 (coup de main) 報答了一八四八年二月的突然打擊 (coup de tête)。來之容易，失去也容易。然而在這兩個事變中間度過的時間，並不是白過了的。在一八四八年到一八五一年的時期中，法國社會按緊縮速成的方式（其所以是緊縮速成的，是因爲它是革命的）獲得了一些教訓和經驗，這些教訓和經驗在正常即所謂『按步就班』發展的條件下，本來應該是在二月革命以前預先獲得，以便使這次革命成爲一個比較嚴重的事變，不會只是一種表面的動盪。看起來彷彿社會現在忽然落到它的出發點後面去了；實則社會還只是在創造着自己革命所必需的前提，創造着爲保證現代革命能具有嚴重性質所絕對必需的形勢、關係和條件。

資產階級革命，例如十八世紀的革命，總是突飛猛進，接連不斷地取得勝利的；在這種革命中間演劇式的效果一個比一個更加眩目，人和事物好像是被五色繽紛的火光照耀得燦爛輝煌，每天都充滿着樂極狂歡；然而這種革命總是爲時暫短，很快就達到自己的頂點，而社會在還未冷靜地領略其疾風怒濤時期的成果之前，一直是沉溺於長期的宿酒未醒的狀態。反之，無產階級革命，如十九世紀的革命則經常自己批判自己，往往臨時止住脚步，回復到彷彿已經作過了的事情上去，以便重新開始把這些事情再作一遍，極端澈底嘲笑自己初次企圖的不澈底性、弱點和不適當的地方；它們把敵人打翻到地上，好像只是要讓敵人能從地裏頭吸取新鮮力量和更加強壯地挺立起來；它們畏於自己目標的無限龐大，再三往後退却，一直到形成無路可退的情況時止，那時生活本身會莊嚴地說道：

這裏是羅得斯，就在這裏跳躍吧[1]！

這裏有玫瑰花，就在這裏跳舞吧！

但是，每個多少會觀察的人，即使他沒有逐步研究過法國事變發展的進程，也不免要預感到，這次革命必將遭受前所未聞的屈辱。只要聽一聽民主派先生們當時那種自鳴得意的勝利叫囂就夠了，這班先生們曾互相祝賀，滿以為一八五二年五月第二個星期日[2]定會帶來良好的結果。一八五二年五月的第二個星期日在他們頭腦中成了一種迷信觀念，成了一個敎條，正如千年太平說的信徒們迷信基督再臨和千年太平世界始開的日期一樣。弱者總是靠相信奇蹟求得解救，以為只要他能在自己想像中用魔法制服敵人時就算打敗了敵人，總是對自己的未來以及自己打算樹立而不過現在言之尚早的功績信口吹嘘，因而失去一切對現實的感覺。這班英雄們是想以彼此表示同情和結成一個特別集團，來駁倒那已由事實證明了的關於他們庸碌無能的意見的，——這班英雄們已收拾起自己的家私，拿着自己預先編好了的桂冠，正準備要把自己的虛幻共和國，要把這已由他

[1] 這句話引自一篇伊索寓言，那裏說是有一個人愛吹牛皮，舉出許多證人為憑，硬說他有一次在羅得斯作過一次精彩的跳躍；但是人們回答說：『假若眞有此事，為什麼要舉證人？這裏是羅得斯，就在這裏跳躍吧！』換句話說，就是你要用事實來證明你有什麼本領！——編者註。

[2] 這天是共和國大總統任職期滿的一天，而依據憲法，大總統不能第二次當選担任此職。——編者註。

15*

們本着毫不講究的氣質暗中詮定了政府人選的虛幻共和國，拿到交易所裏去加以貼現了。十二月二日却像晴天霹靂一樣震驚了他們。人民，即在懦弱風氣盛行時代總是樂意聆聽最響亮呼喊者們所發出的喊聲，藉以消解自己內心驚愕的人民，在這一次也許已瞭解到：鵝鳴聲能拯救卡比托里城堡的那種時代是已經過去了。

憲法、國民議會、保皇黨派、藍色的和赤色的共和黨人、非洲的英雄、講壇的雷鳴聲、刊物的閃電、全部出版物、政治界的大名和學者的名譽、民法和刑法、自由、平等、博愛以及一八五二年五月的第二個星期日——所有這一切，都好像一片幻影在一個人的咒文面前消失不見了，而這個人是連他的敵人也不認爲他是一個有魔力的法師的。普選權還保持過一刹那時間，好像僅僅是爲着在全世界面前親筆寫下自己的遺囑，並以人民自己的名義宣佈：『一切發生的東西，都是應該滅亡的』[1]。

像法國人那樣說他們的民族遭受了偷襲，那是不夠的。民族和婦女即使片刻疏忽而讓隨便一個冒險者能加以姦污，也是不可寬恕的。這樣的言談，並沒把啞謎解答，而只是把它換了一個說法罷了。還應當說明，爲什麼三千六百萬人的民族竟會被三個騙子弄得措手不及，不予抵抗而被其俘虜了呢。

現在我們來把法國革命從一八四八年二月二十四日至一八五一年十二月所經過的諸階段大致總結一下。

總共有如下三個很明顯是主要的時期：二月時期；共和國創立時期，或國民立憲議會時期（從一八四八年五月四日至一八四九年五月二十八日）；憲制共和國時期，或國民立法議會時期（從一八四九年五月二十八日至一八五一年十二月二日）。

第一個時期，從二月二十四日起，即從路易—菲力普傾覆時起，至一八四八年五月四日止，即至立憲議會開幕之日止，——這

[1] 這是歌德浮士德一書中魔鬼說的話。——編者註。

是本來意義上的二月革命時期——這個時期可以稱為革命的序幕。這個時期的性質，正式表現於這一時期倉卒造成的政府自己宣佈自己為臨時性的。在這個時期所開始的、試行的和發表的一切，都像政府一樣，一概宣佈自己是臨時性的。無論什麼人和無論什麼機構，都不敢承認自己有權存在和有權舉辦真正的事業。所有一切準備了或決定了革命的分子：王朝的反對派、共和主義的資產階級、民主主義共和派的小資產階級和社會主義民主派的工人，——所有這些分子都在二月政府中臨時佔得了位置。

這是理所當然的。二月事變原先目的只是要爭得選舉制度的改革，以求擴大有產階級內部享有政治特權者的範圍和推翻金融貴族獨佔的統治。但是，當事變已演進到引起實際衝突時，當人民已投入街壘鬥爭時，當國民衛軍已拒絕行動，軍隊沒有進行任何嚴重抵抗而國王已經逃走時，共和國的成立就成為理所當然的事情了。每個政黨都按自己的觀點去解釋共和國。手持武器奪得了共和國的無產階級，在共和國上面蓋上了自己的烙印，並把它宣佈為社會共和國。這樣就擬定了現代革命的一般內容，這個內容是與當時所能立刻實現、直接實現、用現有材料實現、在羣衆所已達到的發展階段上實現、在現有情勢和關係下實現的一切，處於極為奇異的矛盾地位的。另一方面，所有其餘一切促成了二月革命勝利的分子，却因他們已在政府裏獲得大部分位置而心滿意足了。正因為如此，所以在任何其他時期都沒有比當時更為繽紛混雜的情景：浮誇的空話與實際上的猶豫躊躇相混雜，熱烈謀求革新的努力與拘守陳規的積習相混雜，整個社會表面上的協調氣象與社會各個成分內部深刻的乖離狀態相混雜。當巴黎無產階級還陶醉於它眼前展開的偉大前途並且認真努力討論社會問題時，舊的社會勢力已經集結、聯合、醒悟起來，並獲得了國民大衆的意外支持，即獲得了那些在七月王朝障碍物傾覆後立刻躍上政治舞台的農民和小資產者羣衆的意外支持。

第二個時期——從一八四八年五月四日至一八四九年五月末止——這是資產階級共和國的創立、奠定的時期。緊跟在二月事變之後，不僅王朝的反對派被共和派弄得驚惶失措，而共和派則被社會主義者弄得驚惶失措，並且全法國都被巴黎弄得驚惶失措了。由民族選出而於一八四八年五月四日開幕的國民議會，是代表着民族的。這個議會是爲表示反對二月事變過分要求而發出的一個具體抗議，並且是要把革命的結果降低到資產階級的水平。巴黎無產階級一下子就看出了這個國民議會的性質，所以它在國民議會開幕幾天後的時候，即在五月十五日，曾企圖用強力停止其存在，將其解散，將民族反動精神所藉以威脅它的這個機體重新分解爲各個構成部分，但它的這種企圖是沒有什麽成就的。如衆所週知，五月十五日事變的結果，不過是使布朗基及其同道者們即眞正的無產階級政黨領袖們在我們所考察的整個週期中退出了社會舞台罷了。

繼路易—菲力普的資產階級君主國之後，只能有資產階級共和國，就是說，以前是由資產階級中的一小部分人在國王招牌下進行統治，今後則將由全體資產階級用人民名義進行統治。巴黎無產階級所提出的要求，乃是必須終止的狂妄空想。當國民立憲議會這樣聲明時，巴黎無產階級就以歐洲各國內戰史上最巨大的事變即六月起義，作了回答。結果獲得勝利的依然是資產階級共和國。當時站在資產階級共和國方面的有金融貴族，工業資產階級，中等階層，小資產者，軍隊，組成爲別動衛軍的流氓無產階級，知識分子，牧師和農村居民。而巴黎無產階級方面却只有巴黎無產階級自己。在資產階級共和國勝利之後，起義者被屠殺的有三千多人，未經審問而逕被放逐的有一萬五千人。無產階級從這次失敗時起，就退到革命舞台的後面去了。每遇運動好像又在重新開始抬頭時，無產階級就企圖再向前推進，可是這種企圖却愈益薄弱，愈益徒勞無功了。每當在無產階級上面的某個社會階層進入革命動盪時，無產階級就跟它締結同盟，從而分享了各個政黨依次遭受到的失敗。 但是，這些相繼而來的打擊，隨着它們觸及社會面的愈益擴大，也就越來越微弱了。無產階級在議院和報刊方面的一些比較優秀的領袖，相繼被捕判罪，代之而起的却是些愈益模稜兩可的人物。 無產階級中有一部分人醉心於空論主義的實驗，醉心於交易銀行和工人會社，——換句話說，醉心於這樣一些形式的運動，其內容是拒絕利用舊世界本身內所有一切強大手段來變革舊世界，却企圖躲在社會背後，用私自的辦法，在有限制的本身生存條件的範圍內實現自身的解放，卽用必然招致失敗的辦法實現自身的解放。當在六月事變時與無產階級爲敵的一切階級最後還沒像無產階級本身一樣顚仆下來時，無產階級大概是既不能使本身恢復自己原有的革命偉大，也不能從重新締結的聯盟中獲得新增的精力的。但是，無產階級至少是帶着不愧進行過世界歷史性的偉大鬥爭的光榮而失敗的；不僅法國，並且整個歐洲都被地震般的六月事變所驚動；而各個上層階級後來的失敗却是來得如此便宜，以致得勝的黨派只有公然無恥地加以誇張時，才可一般地把這種失敗說成是一種事變，同時，失敗的政黨離開無產階級越遠，則這些失敗就越是可恥。

六月起義者的失敗，固然爲建立資產階級共和國準備和掃淸了基地，但同時它指明，歐洲的問題並不在於「共和國還是君主國的爭論」，而在於其他某種事情上。這一失敗已揭示出，資產階級共和國在這裏是表示一個階級對其他階級的無限制的專制統治。它表明出，在那些有着發展了的階級構成，有着現代生產條件，有着那種因數百年來的工作而融化了一切傳統觀念的精神意識的舊文明國度中，共和國一般只是資產階級社會變革的政治形式，而不像例如在美國那裏一樣是保持這社會生存的生活形式，那裏雖然已有階級存在，但它們還沒有完全確定，它們在不斷的運動狀態中改變着自己的組成部分，並且彼此互換着自己的組成部分；那裏現代的生產資料不僅不是與經常人口過剩現象相吻合，反而是彌補着頭腦和人手方面的相對缺乏；最後，那裏物質生產的熱狂似的進展，充滿着青年精力負有開拓新大陸的使命，沒有給予人們以時間或機會來結束舊的幽靈世界。

在六月事變時，一切階級和黨派都團結成一個秩序黨來反對工人階級，即反對那個主張無政府狀態、主張社會主義和主張共產主義的黨。它們從『社會之敵』手裏『挽救』了社會。它們擇取了舊社會的格言『財產、家庭、宗教、秩序』作爲自己軍隊的口令，並用『汝將以此獲勝！』這句話激勵了反革命十字軍。 從這時起，只要那許許多多曾團結在這個旗號下反對過六月起義者的政黨中有某個政黨，企圖爲自己階級利益而穩站在革命的舞台上，它就要被『財產、家庭、宗教、秩序！』這一口號所戰勝。每當統治者集團範圍縮小時，每當比較狹小的利益壓倒比較廣大的利益時，社會就得到拯救了。任何最單純的資產階級財政改革的要求，任何最平凡的自由主義的要求，任何最形式的共和主義的要求，任何最淺薄的民主主義的要求，都同時被當作『謀害社會的行爲』來加以懲罰，當作『社會主義思想』來加以指斥。末了，連那些『宗教和秩序』的術士自己也被踢出他們的愛普羅神殿的三脚祭壇，在半夜裏被拖出他們的床舖，被關進囚車，被投入獄中或被放逐，他們的神殿被拆毀，他們的口被封住，他們的筆被打斷，他們的法律被撕破——這一切都是爲了宗教、財產、家庭和秩序。 一羣羣酩醉的兵士對那些站在自己陽台上的資產者即秩序狂信者開槍射擊，褻瀆着他們家庭的神聖，炮擊他們的房屋以爲取樂——這一切都是爲了財產、家庭、宗教和秩序。最後，資產階級社會中的敗類組成爲秩序的神聖隊伍，而主人公克拉普林斯基[1]就以『社會救主』資格進入了推勒里宮。

---

[1] 海涅的兩個騎士詩篇中的主人公。 海涅假借這個人物來嘲笑一個破落蕩產了的波蘭貴族（克拉普林斯基這個名字是來自法文crapule 一 語，意即卑鄙齷齪的人）。馬克思在這裏用克拉普林斯基比喻了路易・波拿巴。——編者註。

（二）

我們重新結起事變敘述的線索吧。

六月事變以後的國民立憲議會的歷史，就是資產階級中的共和主義集團得勢統治和陷於瓦解的歷史，這個集團是以三色旗的共和黨人、純粹的共和黨人、政治的共和黨人、形式的共和黨人等等稱呼聞名的。

這個集團在路易—菲力普的資產階級君主制度下是正式的共和主義的反對派，因而是當時政治界的一個公認的構成部分。它在議院中有自己的代表，並且在報界有相當大的勢力。它的巴黎機關報國民報，也如辯論報一樣，算是受人尊敬的。它的性質也是與它在立憲君主制度下的這個地位相稱的。它並不是一個因有某些重大的共同利益而團結緊密，因有特殊生產條件而獨樹一幟的資產階級集團。它是由一些懷有共和主義思想的資產者、作家、律師、軍官和官吏組成的一個派系，其勢力是倚靠於全國對路易—菲力普個人的反感，倚靠於對第一共和國的懷念，倚靠於一小羣幻想家的共和主義信仰，主要是倚靠於法國人的民族主義，而這種民族主義對於維也納條約和對於與英國聯盟的憎惡心情，它是始終都予以鼓勵的。在路易—菲力普統治下，國民報方面的很大一部分黨徒都是因它鼓吹暗藏帝國主義思想而獲得的，也正因爲如此，所以後來在共和國下面，這種帝國主義思想就能以路易·波拿巴爲代表，作爲一個勝利的競爭者來同國民報本身對立。國民報也和其餘一切資產階級反對派一樣，曾對金融貴族作過鬥爭。反對預算案的論爭在當時的法國是與反對金融貴族的鬥爭完全相吻合的，這個論爭既保證有可能博得非常便宜的聲望，並汲取非常豐富的材料來寫清教徒式的社論，因而是不能不大受利用的。工業資產階級感激國民報，是因爲它奴顏婢膝地擁護了法國保護關稅制度，它對這個制度表示贊同又多半是出於民族的動機，而不是出於政治經濟上的動機。 整個資產階級感激它，則是因爲它惡毒告密式地攻擊了共產主義和社會主義。 一般說來，國民報黨是個純粹共和主義的黨，就是說，它要求把資產階級的統治由君主國形式改爲共和國形式，首先是要求保證自己能在這個統治中佔得最多的位置。對於這一政治轉變的條件，它只具有過一些極其模糊的觀念。但有一點，它可看得如同白日一樣清楚，——並且這點在路易—菲力普統治末期舉行的改良運動宴會上已很顯然表明出來了，——這就是它在民主主義的小資產者中間不受歡迎，特別是在革命無產階級中間不受歡迎。這班純粹的共和黨人，——適如純粹的共和黨人所應持的態度那樣——本來是已完全準備好在開始時滿足於奧爾良公爵夫人攝政制度，恰好這時爆發了二月革命，因而使他們那些最知名的代表在臨時政府中獲得了位置。他們當然是一開始就受到資產階級信任並在國民立憲議會中佔了多數。臨時政府中的社會主義分子立刻就從那在國民議會開幕時成立的執行委員會中被排擠出去了；六月起義的爆發則被國民報黨利用來解散了執行委員會，從而排除了它那些最切近的對手即小資產階級的或民主主義的共和黨人（賴得律—羅蘭等人）。卡芬雅克，這個指揮了六月屠殺事件的資產階級共和黨將軍，已代替執行委員會而獲得了一種獨裁的權力。國民報的前任總編輯馬拉斯特，已成了國民立憲議會的常任議長；政府各部總長位置以及其他一切重要職位，都由純粹的共和黨人所佔據了。

這樣，實際情況竟已超過了早就自命爲七月王朝正當繼承人的資產階級共和派集團最大胆的期望。但是，這個集團取得統治權，並不是像它在路易—菲力普執政時代所盼望的那樣，即並不是由於資產階級對國王舉行自由主義反叛的結果，而是由於無產階級對資本舉行了終被霰彈鎮壓下去的起義的結果。資產階級所想像爲最革命事件的東西，實際上竟成了一個最反革命的事件。果實落到了資產階級腳下，但它不是從生命的樹上掉落下來的，而是從智慧的樹上掉落下來的。

資產階級共和黨人獨佔的統治，只是從一八四八年六月二十四日起存在到十二月十日止。這種統治的總結就是擬定共和主義憲法和宣佈巴黎戒嚴。

新的憲法在實質上不過是一八三〇年憲章的共和主義化的版本。七月王朝的過高的選舉資格限制，甚至把資產階級本身中的一大部分人也排出於政治權力範圍之外，這是與資產階級共和國的存在不能相容的。二月革命立刻就取消這種選舉資格限制而宣佈了直接的普選權。資產階級共和黨人不能把這一事件一筆勾銷。他們只得以額外規定選民必須是在選舉區至少居住六個月者這樣一項限制條文爲滿足。舊有的行政，地方自治，司法和軍隊等等機構，仍照舊不動；憲法上規定的某些變更，只涉及目錄而沒有涉及內容，只涉及名稱而沒有涉及事物。

人身、出版、言論、結社、集會、教育和信教等等的自由——一八四八年各種自由權的必然總滙，——都穿有一套使其成爲不可侵犯的憲法的制服。其中每一種自由都宣佈爲法國公民的絕對權利，然而總是加上有一個註解，說明它只有在不受『他人同等權利和公共安全』或『法律』限制時才是無限制的，而這些法律正是要保證個人自由互相協調並與公共安全相協調的。例如：『公民有權成立團體、有權和平而非武裝地集會、有權進行請願並且通過報刊或用其他方法發表意見。對於這些權利的享受，除受他人同等權利和公共安全限制外，不受其他限制』。（法國憲法第二章，第八條。）——『教育是自由的。教育的自由應在法律規定的範圍內並在國家的最高監督下享受之。』（同上第九條。）——『每一公民的住所是不可侵犯的。這種不可侵犯性只能在遵守法定手續的條件下予以破壞。』（第二章，第三條。）諸如此類等等。——所以，憲法到處都援用着未來的機構性補充法律；這些補充法律應當詳細地發揮這些註解並且適當地調整所有這些無限制的自由權的享用，使其既不致互相抵觸，也不致與公共安全相抵觸。 後來，這種機構性補充法律是由秩序之友製定了的，結果已把所有這些自由都調整成這樣，致使資產階級可能不受其他階級同等權利方面的任何障碍而享受這些自由。 至於資產階級完全禁止『他人』享受這些自由，或是資產階級容許『他人』於一定條件下（每個這種條件全都是警察的陷阱）享受這些自由，那末這都是根據憲法要求來爲保證『公共安全』即保證資產階級安全而實行的。所以，後來雙方面都會完全正當地援引過憲法：一方面是把這些自由盡行廢除了的秩序之友，另方面是要求將這一切自由盡行恢復的民主黨人。憲法中的每一節本身都包含有自己的對立物，包含有自己的上議院和下議院：在一般詞句中標榜自由，在註解中廢除自由。所以，當自由這個名字還備受尊重，只是對其眞正實現一事加予了——當然是根據合法的理由——種種障礙時，那末不管這個自由在現實中的存在已是怎樣澈底地被消滅了，但它在憲法上的存在依然是完整無缺、不可侵犯的。

然而，用這麼巧妙的方法弄成不可侵犯的這個憲法，如同阿希列斯一樣，却有一個致命弱點，不過這個弱點不是生在脚踵上，而是生在頭頂上，或者不如說是生在全部建築物頂端的兩個頭腦上：一方面是立法議會，另一方面是總統。只要把憲法瀏覽一遍，就可以看出：只有那些確定總統對立法議會的關係的條文，才是絕對的、肯定的、沒有矛盾的、不容絲毫曲解的。須知，這裏所談到的問題是要保證資產階級共和黨人自己的地位。照憲法第四十五至第七十條那樣規定，國民議會可以用合乎憲法的辦法排除總統，而總統要排除國民議會却只能用違背憲法的辦法，即只有把憲法本身排除掉。可見，這裏憲法本身是在號召以暴力來消滅自己。憲法不只像一八三〇年的憲章那樣，把分權制奉爲神聖，並且把這種分權制引伸到矛盾不堪的地步。基佐曾把立法權與行政權在議會內的爭吵稱爲憲法力量的賭博，這種賭博依據一八四八年的憲法是始終用孤注一擲的方式進行的。一方面是由普選產生並享有重選連任權的七百五十名人民代表構成一個不受監督、不可解散、不可分割的國民議會，它擁有無限的立法權力，最終地處決着宣戰、媾和及商約等問題，獨攬着大赦權，因自己不間斷地召集會議而經常站在政治舞台的最前面。另一方面是具有國王權力一切屬性的總統，他有權不問國民議會而任免自己的各部總長，他掌握着行政權的一切手段，他可以分封一切官職，從而他在法國操縱着至少有一百五十萬人的命運，因爲正好有這麽多的人數在物質生活上依靠於五十萬官吏和各級軍官。他統率着全國武裝力量。他享有赦免個別罪犯、解散國民衛軍部隊以及——經諮議院同意後——撤換由公民自己選出的州縣市議會的特權。同時，他在與外國締結條約的問題上具有主動和領導的作用。國民議會永遠留在舞台上，當衆受到經常的批評，而總統却在葉里塞場園上度其衆目無法看到的生活，不過他眼前和心中有憲法第四十五條每天都提醒他說：『弟兄，你準備死呀！』你的權力，在你當總統的第四年間，在美麗五月的第二個星期日，就要終結了！　那時你的榮華就要完蛋了：這齣戲是不會再演的，如果你負有債務，你就應及時用憲法規定給你的六十萬法郎薪俸一律償淸，否則你就不免要在美麗五月的第二個星期一進入克利什[1]哩！——這樣，憲法就把實際權力授給了總統，而盡力給國民議會保證精神上的權力。可是，不用說法律條文不可能創造一個精神上的權力，憲法就在這方面也是自己否定着自己，因爲它規定總統由法國全體人民直接投票選舉。分散於七百五十個國民議會議員中間的國民選票，在這裏就集中在一人身上。每一單個議員不過是某一政黨、某個城市、某個地點的代表，或者甚至只是表示必須隨便選出一個人來湊足七百五十個議員，並不去特別注意到他的個人品

[1] 克利什是巴黎監禁欠債者的牢獄。——編者註。

性以及選舉本身，——而總統却是由全國人民所選出，並且對他進行的選舉乃是由專權人民每四年運用一次的一張王牌。民選的國民議會只是形而上式地跟國民聯系着，而民選的總統則是在人身上跟國民聯系着的。固然，國民議會就其全體說來是代表着國民精神的各個複雜方面，但總統則儼然是國民精神的化身。與國民議會相較，總統好似是神聖權利的體現者：他是人民恩寵所立的統治者。

海的女神斐提達曾預言阿希列斯將夭折於少壯時代。像阿希列斯一樣有個致命弱點的憲法，也像阿希列斯一樣預感到它命該夭折。斐提達爲了要向共和國的創建人即純粹共和黨人洩露這個秘密，根本用不着離開自己的海洋；他們只要從自己的理想共和國的高空雲層間，俯瞰一下罪孽的塵世，就可以看到：他們愈是接近於完成他們那個偉大的立法藝術創作，則保皇派、波拿巴派、民主黨人和共產黨人倔強逞性以及他們自己不孚人望的程度，也就日增一日。他們力圖用立憲的狡猾手腕，用憲法第一百一十一條來欺騙命運，根據這條規定，任何**修改憲法**的草案都必須經過每次相距一個月的三次討論，每次必須至少由四分之三的多數表決通過，並且參加表決的至少必須有五百個議員。可是，所有這一切，都只是想要在他們已經事先預察到自己將來會成爲議會少數派時保持自己勢力的一種無力的企圖，——他們要保持的此種勢力，現今當他們還在議會中佔多數並且握有一切政府權力手段時，就已經日益從他們軟弱的手掌中滑出去了。

最後，在一個特別的滑稽性的條文中，憲法把自己託咐給『法蘭西全國人民與每一個法國人的警戒性和愛國心』，而在前面的一條中，它却已把『警戒者』和『愛國者』託咐於它故意爲此發明出來的最高法院（«haute cour»）所實行的溫柔的刑事監護了。

一八四八年的憲法就是如此，這個憲法在一八五一年十二月二日不是被一個人的頭撞翻，而只是被一頂帽子碰倒了；誠然，這頂帽子是拿破崙的三角帽。

當資產階級的共和黨人在國民議會內杜撰、討論和表決這個憲法時，卡芬雅克却在國民議會外把巴黎控制在戒嚴狀態中。巴黎戒嚴狀態乃是立憲議會在從事共和主義創造的產前陣痛時的助產者。如果說後來憲法是被刺刀葬送了，那末不要忘記，刺刀——固然是指向人民的刺刀——，在它還躺在母胎時就保護過它，並且它是在刺刀幫助下降生的。『正直的共和黨人』的祖先們曾手持自己的象徵即三色旗遍歷全歐洲。『正直的共和黨人』自己也作出了一種發明，這種發明自己給自己開拓了通向大陸所有各個國家的道路，但它却常是抱着毫不消滅的愛情重返法國，直到它終於在法國一半州區中已被公認為止。這一發明就是戒嚴狀態。它是每當法國革命進程處於危機關頭都被週期式地運用的一個美妙發明。但是，既然兵營和露營是這樣週期式地重壓在法國社會頭上，以便把這個社會壓制和平服下去；既然馬刀和毛瑟鎗是週期式地受命進行審判和管理，進行監督和檢查，並担任警察和更夫職務；既然軍人小鬍和兵卒服裝是週期式地被宣佈為社會的最高智慧和治理者，那末試問兵營和露營、馬刀和毛瑟鎗、軍人小鬍和兵卒服裝，又怎麽不會終於得出一個結論說：倒不如以宣佈自己的制度是政治制度的最高形式並使平民根本不必關心自治問題，從而一勞永逸地拯救社會為妙哩?！兵營和露營、馬刀和毛瑟鎗、軍人小鬍和兵卒服裝不免要發生這樣一個念頭，尤其是因為它們在此種場合可以希望自己所建樹的更高的功勞必將得到更多的現金報酬，而當它們奉某一資產階級黨派命令實行週期戒嚴和暫時拯救社會的時候，它們除了幾個人的死傷和資產者方面的一些微笑之外，是很少獲得實際利益的。那末軍隊又何嘗不可終究搞出一次對它自己有利益有好處的戒嚴，同時把公民的錢包也搜查一下呢？而且還不應忘記，——這點我們順便要提提，——伯納上校，即在卡芬雅克執政時曾將一萬五千起義者未經審判而予以放逐的那位軍事委員會主席，眼下又居於巴黎現行各軍事委員會的領導地位了。

如果說『正直的』純粹的共和黨人宣佈巴黎戒嚴，也就是創設了後來一八五一年十二月二日的普列托里安尼衛兵[1]所賴以成長的苗床，那末同樣不能不承認，他們現在已不是像在路易—菲力普統治時代那樣燃起民族情感，而是在他們現今已握有國家一切權力時向國外列強匍匐跪拜，不但不去解放意大利，反而讓奧地利人和那不勒斯人再去加以奴役了。路易・波拿巴在一八四八年十二月十日當選爲總統，就把卡芬雅克獨裁制度和立憲議會結束了。

憲法第四十四條說：『喪失法國公民資格者不能任法蘭西共和國總統。』法蘭西共和國的第一任總統路易—拿破崙・波拿巴不只喪失過法國公民資格，不只當過英國的特別警官，並且曾是一個道地的瑞士人。

關於十二月十日選舉的意義，我在另一個地方已經詳細地說明過了。這裏我不想再論及這點。這裏只須指出：十二月十日的選舉乃是担負了二月革命費用的農民對其他各個國民階級的反應，乃是農村對城市的反應。　這次選舉受到了軍隊方面的巨大同情，因爲軍隊在國民報派的共和黨人那裏是既沒有沾得光榮，也沒有領到附加軍餉的；它受到了大資產階級方面的巨大同情，因爲大資產階級是歡迎波拿巴作爲恢復君主制度的一道橋樑的；它受到了無產者和小資產階級方面的巨大同情，因爲無產者和小資產階級是把歡迎波拿巴作爲加予卡芬雅克的一種懲罰的。往後我還會有機會來更詳細討論農民對於法國革命的態度。

從一八四八年十二月二十日起到一八四九年五月解散立憲議會止的時期，包括着資產階級共和黨人滅亡的歷史。資產階級共和黨人在爲資產階級建立了共和國，打敗了革命無產階級，暫時塞住了民主主義小資產階級的口舌之後，自己竟被資產階級大衆排斥了，

---

[1] 在古代羅馬時代統帥和皇帝的私人衛兵稱爲普列托里安尼衛兵，這種衛兵是由他們供養並且享有各種特權的。——編者註。

這個資產階級大衆是有充分權利把共和國作爲自己所有的財產佔據起來的。可是，這個資產階級大衆乃是保皇主義的大衆。其中有一部分，即大土地所有者，是在復辟王朝時期佔居統治地位的，因而是合法王朝派的。另一部分即金融巨頭和大工業家，是在七月王朝時期佔居統治地位的，因而是奧爾良派的。軍隊的、大學的、教會的、律師界的、學院的和報界的高官顯貴均分屬上述兩派，雖其所佔比例有所不同。這兩部分資產階級，都把這個既不是叫作波滂，也不是叫作奧爾良，而是叫作資本的資產階級共和國當作它們能夠共同統治的國家形式。六月起義早已把這兩部分團結成了『秩序黨』。現在已經是應把尙在國民議會中佔居統治地位的一幫資產階級共和黨人排斥出去的時候了。　先前這些純粹共和黨人極其殘暴地濫用權力對付了人民，而現在當他們需要捍衞自己的共和主義和自己的立法權力以對抗行政權力和保皇黨人時，他們就極其怯懦地、畏縮地、沮喪地、軟弱無力地放棄了鬥爭。我無須乎在這裏敍述他們腐化解體的可恥歷史。他們不是滅亡了，而是無形消失了。他們已經最終演完了自己所扮演的角色。在往後一個時期，不論在議會內或在議會外，他們都不過是表現爲一些往昔的鬼魂，——這些鬼魂大概是在準備着只要問題又不過是涉及一個共和國名稱的時候，每當革命衝突竟會低降到最低水平的時候，便又復活一下的。順便指出，把自己的名稱給予了這個黨派的國民報，在往後一個時期已轉到社會主義方面去了。

在未結束這一時期之前，我們還應該回顧一下兩個勢力，這兩個勢力在從一八四八年十二月二十日起至立憲議會終結止的時期內是共處併居的，而在一八五一年十二月二日那天，其中一個勢力却已把另外一個勢力消滅了。我所指的一方面是路易·波拿巴，另一方面是聯合的保皇黨，即秩序黨，亦即大資產階級的黨。波拿巴任總統的最初時期，就組織了以巴洛爲首，即以——請注意——國會資產階級的最自由主義集團的老領袖爲首的秩序黨內閣。巴洛先生終

16—1966

於還是獲得了他從一八三〇年時起就已在朝思暮想的內閣職位，並且是獲得了內閣總理的職位。可是，這個位置，他並不是像他在路易—菲力普統治時所盼望的那樣達到的，不是以國會反對派的最先進首領的身份達到的，而是以其所有一切勁敵即耶穌會員和合法王朝派的同盟者身份達到的，並且是抱着殺死國會的目的達到的。他終於把新娘迎來舉行婚禮了，但他是在新娘已被凌辱之後引來的。波拿巴本人好像是完全退縮了。代他行動的有秩序黨。

在內閣第一次會議上，就決定要派出遠征軍去攻打羅馬，並且商定瞞着國民議會來安排這件事，而遠征經費則僞造口實要國民議會來撥付。這樣，內閣就以欺騙國民議會和暗中勾結專制外國對付革命羅馬共和國的辦法開始了自己的活動。波拿巴也是用同樣的方式和運用同樣的手段，準備了他那反對保皇黨人立法議會及其憲制共和國的十二月二日政變。我們不要忘記，在一八四八年十二月二十日組成波拿巴內閣的那個政黨，是在一八五一年十二月二日的國民立法議會中佔多數的。

在八月間，立憲議會通過決定：只有在制定並公佈了一系列補充憲法的所謂機構性補充法律之後，它才會宣告解散。在一八四九年一月六日，秩序黨經由議員拉托建議國民議會不要去搞什麼機構性補充法律，而最好是通過關於解散自己的決議。這時，不僅是以巴洛爲首的內閣，而且國民議會中的全體保皇黨議員，都以命令口吻告訴國民議會說：爲要恢復信用，爲要鞏固秩序，爲要終止不確定的過渡狀態而建立完全確定的狀態，解散國民議會是必要的；國民議會妨害新政府進行有效的工作，它只是由於執迷不悟才企圖延長自己的生命；國民議會已使全國感覺厭惡了。波拿巴貼耳聆聽了這一切攻擊立法權的說法，反覆讀熟了這些說法，並於一八五一年十二月二日向國會保皇派證明他確實從他們那裏學得了一些東西。他運用他們自己的口號對付了他們。

巴洛內閣和秩序黨往前更進了一步。他們在全法國激起了向國民議會請願的運動，在請願書中很客氣地請國民議會解散和隱退。這樣，他們就把無組織的人民大衆引去反對了國民議會，即反對了依照憲法手續組織起來的民意表現。他們已教會波拿巴向人民呼籲反對議會。在一八四九年一月二十九日那天，立憲議會已是終於不得不解決關於自行解散的問題了。在這一天，國民議會舉行會議的場所被軍隊佔據了；總攬國民衛軍和常備軍指揮大權的秩序黨將軍倘加爾湼，就像是在會戰前夕一樣在巴黎舉行了大規模的閱兵，而聯合的保皇黨則向國民議會恫嚇說，如果它不表示讓步，就將使用暴力。國民議會果然表示願意讓步，不過贏得了苟延一個很短期間的條件。一月二十九日是什麼呢，豈不就是一八五一年十二月二日那樣的政變嗎？不過前者是由保皇黨人協同波拿巴反對共和主義國民議會而舉行的罷了。保皇黨人沒有覺察到或是不願覺察到：波拿巴利用了一八四九年一月二十九日事變，迫使一部分軍隊在推勒里宮前面受他檢閱；他貪饞地抓住了這個公然訴諸武力反對國會的初次嘗試，爲的是提醒大家想起卡里古拉的故事。他們當然只看見了他們的倘加爾湼。

特別推動秩序黨使用暴力去縮短立憲議會生命的一個原因，就是那些補充憲法的所謂機構性補充法律：學校法、信教法等等。對於聯合的保皇黨人極其重要的是要由他們自己制定這些法律，而不是讓那些已是猜疑多端的共和黨人去制定。可是，在這些所謂機構性補充法中，還有一個關於共和國總統責任的法律。在一八五一年，當立法議會正在從事制定這個法律時，波拿巴就先以十二月二日的打擊防止了這一打擊。 在自己的一八五一年冬季國會運動時期，聯合的保皇黨人該是多麽希望有一個現成的總統責任法，並且是由猜疑多端、持着敵視態度的共和派議會制成的總統責任法呵！

16*

當立憲議會自己已於一八四九年一月二十九日破壞了自己的最後武器的時候，巴洛內閣和秩序之友就來對它進行殘酷無情的攻擊。他們用盡各種方法來侮辱它，強迫這個軟弱無力和對自己絕望的議會通過了一些使它失去最後一點社會尊敬的法律。沉溺於自己的拿破崙頑固思想的波拿巴，敢於公開利用了這個貶低國會權力的情況。的確，當國民議會一八四九年五月八日因烏提諾將軍佔領契威塔一維基亞而對內閣提出責備，並命令把羅馬遠征軍囘復到所謂原來的目標之時，波拿巴當天晚間就在導報上發表了致烏提諾的一封信，在信中祝賀了這位將軍建樹英勇功績，並且已裝出一反那班議員一味賣弄筆墨的伎倆而表現出自己是寬大祖護軍隊者的姿態了。保皇黨人曾對此表示譏笑，因為他們相信他們定能愚弄他。最後，當立憲議會議長馬拉斯特因偶爾懷疑到國民議會的安全而根據憲法飭令一個上校率領所部團隊開來保護國民議會時，那個上校却以軍紀為藉口而拒絕調動，並建議馬拉斯特去跟尙加爾涅交涉，但尙加爾涅也拒絕了馬拉斯特的要求，並且刻毒地說，他並不喜歡 baïonnettes intelligentes [1]。一八五一年十一月，聯合的保皇黨人準備對波拿巴開始堅決鬥爭時，曾企圖在其所謂國會總務官法案中規定國民議會議長能直接調動軍隊的原則。他們的一位將軍列佛洛在這個法案上署了名。但是，尙加爾涅枉然投票贊成了這一法案，梯也爾枉然讚揚了已故立憲議會的審慎精神。陸軍總長聖・阿諾像尙加爾涅囘答馬拉斯特一樣囘答了他，並且他的囘答博得了山岳黨的鼓掌！

當秩序黨還只是內閣而不是國民議會的時候，自己曾這樣汚辱過國會制度。而當一八五一年十二月二日政變把國會制度逐出法國的時候，它就叫喊起來了！

讓我們祝它一路平安呵！

[1] 意即「知識分子的刺刀」。——編者註。

（三）

一八四九年五月二十八日，國民立法議會開始集會；一八五一年十二月二日，它被宣告解散。這一期間是憲制或國會制共和國的存在時期。

在第一次法國革命中，繼立憲黨統治之後而起的是吉倫特黨的統治；繼吉倫特黨統治之後而起的是雅可賓黨的統治。這些政黨中的每一個政黨，都是依靠更進步政黨的。只要某一個政黨已把革命引導到再不是它所能跟着行進，尤其不是它所能領導行進的時候，這個政黨就要被站在它後面的更大胆的同盟者推開並且送上斷頭台去。這樣，革命是沿着上升路線行進的。

一八四八年革命中的情形却是相反。當時無產階級的政黨是小資產階級民主黨的附屬物。後者叛變了前者並促使前者在四月十六日、五月十五日和六月事變中遭受了失敗。民主黨則全靠資產階級共和黨雙肩支持。當資產階級共和黨剛剛感覺到自己立足穩固時，它馬上就把這些麻煩同志拋棄，而自己就慌忙跑去依靠秩序黨雙肩支持。但秩序黨聳了聳肩膊，拋開資產階級共和黨人，自己則站到武裝力量的肩膊上去；它還繼續以為是坐於武裝力量的肩膊上時，忽然一天發現這肩膊已經變成了刺刀。每個政黨都脚踢那從背後撲來的政黨，而從前面伏着那向後退走的政黨。無怪乎它在這種可笑的姿態中失去平衡，裝出必然的怪臉和作着可怪的跳躍而跌倒下去。這樣，革命是沿着下降路線進行的。在二月起義的最後街壘還沒有拆去，而最初的革命政權還沒建立以前，革命就已陷於這種後退的運動狀態了。

我們所談的這個時期，包含着各種極矛盾情況的最複雜的混合，憲制派公然組織陰謀反對憲制，革命派誠心擁護憲制；國民議會想要左右一切，却各總是局限於國會活動方式；山岳黨竟以忍耐為天職，並以預言未來勝利去防禦現在的失敗；保皇派扮演着共和國 patres conscripti[1] 的角色，迫於自己的地位，不得不在國外支持他們所追隨的互相敵對的王朝，而在法國內部却支持他們所憎惡的共和國；行政權力把自己的軟弱當作自己的力量，以自己招來的輕蔑看作自己所享受的威信；共和國只是代表着兩個王朝——復辟王朝和七月王朝——最卑鄙方面的結合並貼着帝國招牌罷了；聯盟是以各自分離作爲基礎；鬥爭是以不把鬥爭貫澈到底作爲根本法則；假名奠定安寧而放肆進行着無謂煽動；假名實現革命而極莊嚴堂皇地鼓吹安寧；有熱情而無眞理；有眞理而無熱情；有英雄而無英雄氣概；有歷史而無事變；發展進程彷彿是以同一高漲和低落狀態不斷反復的日曆爲其唯一動力；對立形勢週期式地尖銳到頂點，好像只是爲了要鈍化和緩和下去，始終也不能得到解決；大吹大擂的努力姿勢和畏首畏尾害怕世界滅亡的市儈恐怖心理，而那班世界救主則醉心於極小氣傾軋手段和宮廷鬥爭的小丑戲法，這種無聊的手段和戲法不見得會使我們想起世界最後審判的情景，而却使我們想起弗倫特朋黨盛行時代的情景；全法國的公認的綜合天才在一個人的狡猾的愚鈍前面甘拜下風；國民普遍意志每次經過普選來表現時，都想在羣衆利益的頑固敵人身上求得適當的表現，而最後一直在一個騙徒的獨裁意志上找到了表現。如果歷史上有某一頁是寫得極爲灰色的話，那就正是這一頁。人物和事變彷彿是些顚倒的斯雷密爾[2]，成爲喪失肉體的陰影。革命自己麻痹自己的體現者，而却把熱情的強力完全賦予自己的敵人。如果說反革命派所不絕喚來和召來的「赤色怪影」終於出現，那末它出現時就不是頭上戴着無政府主義的弗利基亞帽，而是身上穿着秩序的制服，穿着赤色的軍褲。

我們已看到，波拿巴在一八四八年十二月二十日他就職之日所任命的內閣，乃是秩序黨的內閣，即合法王朝派和奧爾良派聯合的內

---

[1] 意即「元老」。——編者註。

[2] 斯雷密爾是沙米梭所著彼得・斯雷密爾一書中的主人公。爲了追逐財富，他把他的影子賣掉，而後跑遍全世界，去尋找他的影子。——編者註。

閣。這個或多或少用強力縮短了共和主義立憲議會壽命的巴洛—法盧內閣，活到了立憲議會死後時期並且還在執掌政權。保皇黨人聯盟的將軍尙加爾涅還繼續秉掌正規軍第一師和巴黎國民衛軍的總指揮的職任。最後，全國大選保證秩序黨在立法議會中佔得了極大多數。在立法議會中，路易—菲力普的下議院議員和上議院議員，已跟一羣神聖的合法王朝黨人滙合起來了，對於這些合法王朝黨人說來，國民的巨量選舉票變成了進入政治舞台的入場劵。波拿巴派的議員人數太少，不足以構成一個獨立的國會黨團。他們只不過是秩序黨的 mauvaise queue[1]。這樣，秩序黨就掌握了政府權力、軍隊和立法機關，——一句話說，就是掌握了全部國家政權，並且這個國家政權在精神上是依靠把它的統治炫示爲民意表現的全國大選以及反革命勢力在整個歐洲大陸上同時獲得的勝利來支持的。

從來還沒有一個政黨是在具有這樣強大的手段和具有這樣良好的朕兆下開始鬥爭的了。

罹難的純粹共和黨人在立法議會中只剩下了一個約由五十人組成的集團，以非洲的將軍們卡芬雅克、拉摩里塞爾和貝多爲首。大的反對黨是山岳黨——這是社會民主黨借用的名稱。在國民議會七百五十個議席中，它佔有兩百多個議席，所以它至少是與秩序黨三派中任何單獨一派同等強大的。它在與全體聯合保皇黨相比較中的相對少數，好像是由於特殊的情況而趨於平衡了。不僅各州的選舉表明山岳黨在農村居民中博得了很大的威信，而且差不多全體巴黎議員都是屬於山岳黨的；軍隊以選出三個士官爲議員來表白了自己的民主主義信念，而山岳黨的首領賴得律—羅蘭又與秩序黨的一切代表不同，由五個州內的選民投票抬上了議員的地位。這樣，在一八四九年五月二十八日，山岳黨——在保皇黨人自己內

[1] 意即「小嘍囉」。——編者註。

部，以及在整個秩序黨與波拿巴中間必然發生衝突的情況下——看來是完全可望獲得成功的了。可是，過了兩星期以後，它竟把一切——包括聲譽在內——都盡行喪失了。

在我們繼續敘述國會歷史以前，爲着避免在估計我們所考察的這個時代的一般性質時常犯的錯誤，需要作幾點說明。在民主黨人看來，無論在立憲議會時期或在立法議會時期，問題都不過是在於共和黨人和保皇黨人相互間的鬥爭。運動本身在他們看來則可歸結爲『反動』一語，可歸結爲黑夜情況，這時一切貓兒都是灰色的，民主黨人可以像更夫一樣隨便信口亂談。當然，初看起來，秩序黨好像是各種保皇派集團的結合體，這些集團不僅是互相傾軋，以圖把自己的王位覬覦者捧上王位，把對方的王位覬覦者排除出去，並且它們一致對『共和國』表示仇恨，一致對『共和國』進行鬥爭。山岳黨則與這些保皇派的陰謀者相反，好像是保護『共和國』的。秩序黨似乎是永遠都忙於『反動』，而這個反動——完全像在普魯士一樣——是反對出版自由、結社自由等等，並且——又像在普魯士一樣——是以官僚、憲兵和法庭機關進行橫暴警察干涉的方式實現的。山岳黨則同樣毫不停息地忙於抵抗這種攻擊，忙於保護『永恆的人權』，好像近一百五十年以來每個所謂人民黨所多多少少作過的那樣。可是，當你更仔細地分析情況和各個政黨時，這種遮蔽着階級鬥爭和遮蔽着這個時期特有容貌的虛浮外觀，就會消失不見了。

我們已經說過，合法王朝派和奧爾良派乃是秩序黨中的兩個巨大集團。什麼東西使這兩個集團繫附於它們各自的王位覬覦者並使它們互相分離呢？難道只是百合花與三色旗，波湧王室與奧爾良王室，保皇主義的各種不同色彩或是他們一般保皇主義的信仰嗎？在波湧王朝時代佔統治的是大地產連同自己的僧侶和僕從；在奧爾良王朝時代佔統治的是金融貴族、大工業、大商業，即資本連同自己的隨從者——律師、教授和健談家。合法王朝君主國不過是地主世襲權力的政治表現，而七月王朝君主國則不過是資產階級暴發戶篡奪權力的政治表現。所以，這兩個集團彼此間分離並不是由於所謂原則，而是由於有本身生存的不同物質條件，由於有兩種不同的所有制形式——由於城市與農村間的舊有對立，由於資本與地產間的競爭。至於同時把它們與某一王朝聯結起來的還有舊日的回憶、個人的仇怨、憂慮和希望、偏見和幻想、同情和反感、信念、信條和原則——這點有誰會否認呢？在不同的所有制形式上，在生存的社會條件上，聳立有由各種不同感情、幻想、思想和世界觀構成的整個上層建築。由整個階級在其物質條件及與其相適應的社會關係的基礎上來創造和確定着這一切。單個的個體既然是通過傳統和教育來獲得自己的感情和觀點，所以他會以為這些感情和觀點就是他的行為的眞實動機和出發點。如果說奧爾良派和合法王朝派這兩個集團中每一個集團，都硬要自己和別人相信他們彼此分離是由於他們對於兩個不同王朝的眷戀，那末後來事實所證明的却是相反，正是他們利益的對立才使得這兩個王朝不能互相結合為一。正像在日常生活中總是把一個人對於自己的感想和品評與他的實際人品和實際舉動區別開來一樣，在歷史的戰鬥中更加應該把各個黨派的言辭和幻想與其眞實的組織和眞實的利益區別開來，把它們關於自己的觀念與它們的眞實本性區別開來。奧爾良派和合法王朝派同處於共和國中，提出同樣的要求。如果有一方反對另一方而要爭取它自家王朝的復辟，那末這也只是表明，分裂資產階級的兩大利益——地產與資本——都企圖爭取恢復它自己的統治地位，而使他方處於服從地位。我們說資產階級的兩大利益，因為大地產——雖然它還擺着封建主義資格和抱着高貴門第自傲態度——已經是在現代社會發展影響下完全資產階級化了。例如，英國保守黨人就很久都曾裝腔作勢，彷彿他們愛慕王權、教會和舊有英國憲制，直到危急的關頭才被迫承認說他們所愛慕的僅僅是地租。

聯合的保皇黨人在報刊上，在愛姆斯、在克勒爾蒙特、在國會之外，總是互相施展陰謀。在幕後，他們重又穿起他們舊時的奥爾良派的和合法王朝派的制服，從事他們舊時的比武。但在公開的舞台上，在向最敬愛的觀衆表演時，在扮演一個巨大國會政黨的角色時，他們只是以敬禮來搪塞自己的王朝，in infinitum[1] 地延擱君主制的復辟。他們在從事自己的眞正事業時是以秩序黨的姿態出現，即舉着社會的旗幟，而不是舉着政治的旗幟出現的；是作爲資產階級制度的代表者，而不是作爲出遊公主的騎士出現的；是作爲與其他階級對立的資產階級，而不是作爲與共和黨人相對立的保皇黨人出現的。並且，作爲秩序黨，他們也比先前任何時候，比在復辟時期或七月王朝時期享有更加無限和更加穩固地統治其他社會階級的權力。一般說來，這樣的統治權力只是在國會制共和國中才有可能實現，因爲只有在這種國家形式下，法國資產階級的兩大集團才能互相結合起來，以期實現自己階級的統治，以代替這階級中一個特權集團的統治。如果說雖然如此，而他們又終究以秩序黨身份來詈罵共和制度，並不掩蓋他們對於共和制度的憎惡，那末這就不僅是由於他們的君主主義的回憶了。他們憑靠自己的本能感覺到：共和制度雖然完成了他們的政治統治，同時却又破毁着這一統治的社會基礎，因爲他們此時已不免要直接當面對那些被奴役的階級進行鬥爭，沒有可能以王冠作隱蔽，或用他們相互間的以及他們與王朝間的次要鬥爭來轉移全國的視綫了。由於感覺到自己軟弱無力，他們就不得不在其階級統治完備十足的條件面前退縮下來，想要復返到那些不完全的、不發達的、因而危險較少的階級統治的形式上去。反之，每當聯合的保皇黨人們與那個敵對着他們全體的王位覬覦者即波拿巴發生衝突時，每當他們恐怕行政權力會危害他們的國會的萬能權力時，每當他們因此必須首先強調指出自己的統治在政治上的合法

[1] 意即「無止境」。——編者註。

地位時，他們就不是以保皇黨人的姿態出場，而是以共和黨人的姿態出場，從奥爾良派的梯也爾起直到合法王朝派的貝爾耶止都是如此：前者曾向國民議會提醒說，關於共和國的問題，大家意見分歧最少；後者則身纏着三色圍巾，扮演着人民喉舌的姿態，曾於一八五一年十二月二日以共和國名義向集合在第十區市政廳前面的民衆發表演說。 誠然，他的發言所引起的反響是大家一致嘲笑說：亨利第五！亨利第五！

與資產階級的聯合相反，形成了小資產者與工人的聯合，即所謂社會民主黨。在一八四八年六月事變之後，小資產階級發覺自己受了騙：它的物質利益遭受了損害，而那些應保證它有可能捍衛這種利益的民主權利也受到了反革命方面的威脅。因此，它就與工人接近起來。另一方面，它在國會中的代表們，即山岳黨，在資產階級共和派的獨裁時期是被排擠到後面去了，在立憲議會存在的後半期中却又因其對波拿巴以及保皇黨內閣進行鬥爭而從新獲得了原已喪失的聲望。山岳黨與社會主義首領們結成了同盟。一八四九年二月用宴會方式慶祝了和解。同盟者們起草了共同的綱領，設立了共同的選舉委員會，提出了共同的候選人。無產階級的社會要求已失去革命的鋒芒而加上了民主主義的色彩，小資產階級民主主義的要求則已失去先前的單純政治形式而加上了社會主義的色彩。這樣就產生了社會民主派。由這種妥協產生出來的新山岳黨所包含的成員，除了幾個出身工人階級的配角以及幾個社會主義的宗派分子外，還是和舊山岳黨所包含的成員一樣，不過是人數較多一點罷了。但是，後來它已隨着它所代表的那個階級一同改變了。社會民主派的特殊性質表現於它要求民主共和制度不是爲着消除兩極——資本和僱傭勞動，而是爲着緩和資本和僱傭勞動間的對抗並使其協調起來。無論他們提出怎樣的辦法來保證實現這個目標，無論目標本身塗着多少濃厚的革命顏色，但其實質是始終一樣的：以民主主義的方法來變革社會，但這種變革是始終不超出小資產階級範圍的。然而也不應該狹隘地想像，以爲小資產階級把實現其私自階級利益的意圖推崇爲原則。相反，牠相信，保證牠自己獲得解放的那些特殊條件，同時也就是唯一能使現代社會得到挽救並使階級鬥爭根本消滅的一般條件。同樣，也不應該想像，以爲所有的民主派分子都確實是些小店主或是崇拜小店主的人物。依照其教育程度和他們個人地位來說，他們可能是與小店主相隔天壤的。使他們成爲小資產階級代表人物的是如下一種情況，即他們的思想不能越出小資產者的生活所越不出的界限，因此他們在理論上所得出的任務和辦法，也就是小資產者的物質利益和社會地位在實際上引導小資產者得出的任務和辦法。一般說來，凡屬一個階級在政治方面和著作方面的代表人物與他們所代表的這個階級間的關係，都是如此。

作過上面這番分析之後，已可明白瞭解到：山岳黨在爲共和國以及所謂人權而不斷地與秩序黨作鬥爭時，並不是以共和國或所謂人權爲其最後目標，也好像一支受着繳械威脅的軍隊在進行反抗和投入戰鬥時，並不祗是爲了保持自己的武器一樣。

國民議會剛一開幕的時候，秩序黨就開始向山岳黨進行挑戰。資產階級這時已感到必須擊破民主小資產階級，也如他們在一年以前感到必須擊破革命無產階級一樣。不過這次敵方的情況已是另一個樣子了。無產階級黨的力量原是在街道上，而小資產階級黨的力量則是在國民議會中。因此必須趁着時間和情勢還沒有把牠在議會中的力量鞏固起來的時候，就把牠從國民議會驅到街道上去，使牠自己摧毀牠的這種力量。山岳黨一溜烟跑到陷阱裏去了。

把山岳黨引上圈套的一塊誘餌就是法軍砲擊羅馬。這次砲轟行動違犯了憲法第五條，因爲該條是禁止法蘭西共和國使用自己的兵力侵害他國人民自由的。此外，憲法第五十四條還禁止行政機關不經國民議會同意宣佈戰爭，而立憲議會則以其五月八日的決議指斥過法軍遠征羅馬的舉動。根據這個理由，賴得律—羅蘭便於一八四九年六月十一日提出了反對波拿巴及其內閣總長們的彈劾案。他被梯也爾的刻毒譏刺所激怒，甚至威脅說將用一切手段，以至使用武力來保衛憲法。山岳黨全體一致奮起重複了這個使用武力的號召。六月十二日，國民議會否決了彈劾案，於是山岳黨就退出了國會。六月十三日的事變，是大家都知道的：一部分山岳黨人發表宣言，宣佈說波拿巴及其內閣總長們『置身於憲法之外』；民主派的國民衛軍隊員徒手舉行示威遊行，一遇到尚加爾涅的軍隊就抱頭鼠竄等等。一部分山岳黨人逃亡國外，另一部分人在部爾日受最高法院傳訊，而餘下的一些山岳黨議員則好像小學生一樣，依照國會規則受到國民議會議長的小氣的監視。巴黎重又宣佈戒嚴，而巴黎國民衛軍中的民主部分則被宣告解散了。山岳黨在國會中的影響以及小資產階級在巴黎的力量，就是這樣被消滅了的。

在六月十三日事變成了流血的工人起義信號的里昂城內，也與其隣近五個州區一同宣佈了戒嚴。戒嚴狀態在這裏一直繼續到現在。

山岳黨的大多數叛變了自己的先鋒隊，拒絕在宣言上簽名。報刊也臨陣脫逃了；只有兩家報紙敢於登載了這種戰鬥號召。小資產者叛變了自己的代表，而國民衛軍則沒有出頭現面，即或是在某處出現過，也只是阻撓了街壘的堆築。代表們欺騙了小資產者：軍隊中的假同盟者根本就沒有現出過蹤影。最後，民主黨不但沒有從無產階級中去汲取力量，反而把自己的懦弱性傳染給了無產階級，並且正如民主黨人一切偉大行動時常有的情形那樣，領袖們能夠為了慰藉自己而責備他們的『民衆』離叛了他們，民衆則能夠為了慰藉自己而責備他們的領袖欺騙了他們。

比宣告山岳黨當前進軍行動喧嚷得更為厲害的事情是很少見過的；比這次更為自信和更為過早地吹噓說民主派必然勝利的事情是很少見過的。顯然，民主黨人是相信那使約勒漢城的牆壁聞風倒塌的喇叭聲音的力量哩。每當他們站在專制制度的牆壁面前時，他們就力圖重複這個奇蹟。要是山岳黨眞想要在國會中獲得勝利，那它就不應號召使用武力。既然它在國會中已號召使用武力，那它就不應在街頭上採取國會式的行動。若是它認眞考慮過和平示威，那末它沒有預先看到示威將受到武力的干涉，就是很愚蠢了。若是它想要從事眞實的戰鬥，那末收起戰鬥所必需的武器，就是很奇怪了。可是，問題在於小資產者及其民主派的代表人物提出革命威脅，不過是企圖嚇倒敵人罷了。當他們陷於進退維谷的境地時，當他們跑得很遠，以致不得不把他們的威脅付諸實行時，那他們就模稜兩可地作這件事，即盡力避免採取可能保證達到目的的手段，而急於尋取失敗的口實。只要一旦情況嚴重到必須實地戰鬥時，宣告戰鬥的震耳欲聾的前奏曲就變成微弱不堪的咕嚕聲；戲子就不認眞扮演了，戲劇就停止了，正像一個吹脹的氣泡一受針刺就消落下去了一樣。

沒有一個政黨比民主黨更爲誇大自己力量的了，也沒有一個政黨比民主黨更爲輕浮錯誤地估計現有局勢的了。如果有一部分軍隊投票贊成山岳黨，那末山岳黨就認定軍隊必將暴動起來擁護他們了。究竟是根據什麼緣由呢？　就是根據這樣一個緣由，這個緣由在軍隊看來只有一個意思，即革命家竟站在羅馬兵士方面去反對法國兵士了。在另一方面，對於一八四八年六月事變，人們記憶猶新，以致無產階級對國民衛軍深表憎惡，而秘密團體的首領們則對民主派的領袖們表示很不信任。爲着消除這些矛盾，必須要有受到威脅的共同重大利益。憲法某項抽象條文的被破壞，是不能激起這種利益的。難道憲法不是如民主黨人自己所說的已經被人破壞了多次嗎？難道最流行的刊物不是已經把全部憲法罵作反革命派一手造成的東西嗎？　但是，民主黨人是代表着小資產階級，即代表着兩個階級雙方利益互相削弱的那個*過渡階級*，所以他設想自己一般是超乎階級對抗的。民主黨人承認，與他們對立的有一個特權階級，但他們是與國民中所有其餘部分一起構成爲*人民*的。凡是他們所維護的東西，都被宣佈爲*人民的權利*；凡是他們所關心的利益，都被宣佈爲*人民的利益*。因此他們就不必在臨到鬥爭時考察各個不同階級的利益和狀況；他們不必過分仔細估量他們自己的力量。他們只要發出一個信號，民衆就會以其無窮的全部力量向壓迫者撲去哩。可是，如果事實表明出民主黨人的利益並不使人關心，他們的力量就是沒有力量，那末這就或者是因爲有一些惡毒的詭辯家把統一的人民分成了各個敵對陣營；或者是因爲軍隊太殘忍和太盲目了，以致不能在民主黨人的純正目的中看出自己的利益；或者是由於執行中的某種細節使全部事情倒塌了；最後，或者是因爲這次有某種沒有預察到的偶然事故招致了挫敗的結果。不管怎樣，民主黨人逃出最可恥的失敗時總是潔白無瑕，也如他先前進到這種失敗時天眞純潔一樣；他脫出這種失敗時懷抱着更加堅定的信心，以爲他一定會勝利，以爲不是他自己以及他的黨應該放棄舊的觀點，反而是情勢應該長進到他那樣的高度。

因此，不應當以爲人數削減、遭受挫折並被新的國會規則所侮辱的山岳黨，是太不幸運了。雖然六月十三日的事變排除了它那些領袖，但是這一天同時又給二流『天才』們騰出了一個位置，而這個新的地位是使得他們得意忘形的。雖然對他們在國會中軟弱無力的情況已是再不能有什麽懷疑，但是他們此時已有權把他們的行動局限於表示道義的憤怒和發表虛張聲勢的言論了。雖然秩序黨把他們這些最後正式代表革命的人物看作無政府狀態全部慘象的體現，但是他們在實際上已能夠表現得更形平庸和更形溫和了。而關於六月十三日的失敗，他們則以深思的口吻來安慰自己說：『只要他們敢動一動普選權，只要敢動一下！那時，我們就會向他們顯出我們的本事來！』好吧！且看分曉吧！

至於那些逃亡於外國的山岳黨人，那末這裏就只須指出：賴得律—羅蘭在不過兩星期的時間內就把他所領導的強大政黨斷送到了絕望地步之後，却竟覺得自己負有使命要組織一個法國政府 in partibus；他這個人物置身於遠離鬥爭舞台的地方，竟隨着革命水平愈益下降，隨着官方法國的官方人物變得愈益矮小而彷彿是愈益顯得高大起來了；他在當前的一八五二年大選中能以共和派方面的候選人資格希圖當選；他不時向瓦拉希亞的人民及其他地方的人民發出通告，威脅說要以他自己以及他那些同盟者們的轟轟烈烈的行動來對付大陸上的那些專制暴君。當蒲魯東向這班老爺們說『你們不過是些空談家罷了！』的時候，難道是說得完全不對嗎？

在六月十三日，秩序黨不只是擊破了山岳黨的勢力，同時還通過國民議會規定了憲法應服從國民議會多數決議的原則。它對於共和國的見解是：在共和國裏，資產階級通過國會形式實現統治，不像在君主國裏那樣受到限制——既不受行政機構方面的否決權所限制，也不受後者解散國會的權力所限制。根據梯也爾所下的定義，國會制共和國就是這樣的。可是，如果說資產階級在六月十三日保證自己在國會範圍內佔得了無限的權力，那末它把國會中最孚人望的議員排除出去，豈不是削弱了國會對待行政權力以及對待人民的力量，因而使國會本身受到了一個沉重的打擊嗎？ 它既然毫不客氣地把許多議員交付法庭審判，也就是廢棄了它本身的國會不可侵犯性。它迫使山岳黨議員遵守的那個侮辱性的規則既已大大提高了共和國總統的地位，因而也就大大降低了每一個個別人民代表的地位。它把專為保護既定憲法舉行的起義指斥為圖謀顛覆社會的無政府行動，也就是自己斷絕了自己在遭受行政權力違犯憲法來侵犯時訴諸起義的機會。 歷史的惡作劇又是何等辛辣啊！一八五一年十二月二日，秩序黨痛哭流涕，但徒勞無功地向民衆指出烏提諾來充當抵禦波拿巴保護憲法的將軍，這位將軍是遵照波拿巴命令砲擊了羅馬，因而成了六月十三日護憲騷動的直接原因的。六月十三日事件中的另一個英雄人物維拉，是曾經率領國民衛軍中一隊金融貴族子弟在民主報館內胡作亂為，因而受到了國民議會講壇上的稱讚的，——這個維拉竟知悉波拿巴陰謀內情，並且在很大程度上幫助斷絕了國民議會在其壽命末日從國民衛軍方面取得任何救援的機會哩。

六月十三日事變還有另一種意思。山岳黨是曾力求將波拿巴交付法庭審判的。所以，山岳黨的失敗也就是波拿巴的直接勝利，也就是波拿巴個人對於他那些民主敵人的凱旋。秩序黨掙得了這個勝利，波拿巴只須把這個勝利寫進自己的賬簿上去。而他也就確實這樣作過了。六月十四日，在巴黎各處牆壁上張貼了一個佈告，據佈告所說，總統好像並不願意，只是爲事變所迫才脫離他的僧院式隱遁生活，以尚未被人承認的善人口氣抱怨敵人對他的誹謗，並且彷彿把他個人與秩序事業相等同，實際上則是把秩序事業與他個人相等同。 此外，雖然國民議會事後批准了羅馬遠征，但這次遠征是由波拿巴發起的。在恢復了祭司長撒姆依爾在梵蒂岡中的權力之後，波拿巴已能希望以大衛王姿態進入推勒里宮了。他已把僧侶拉到自己方面來了。

前面我們已經說過，六月十三日的騷動只是局限於和平遊行示威。所以，在反對這次騷動的鬥爭中，是說不上什麼軍事勳業的。然而，在這個很少有英雄人物和事變的時期，秩序黨就把這個不流血的戰鬥變成了第二個奧斯特里茲。在講壇和報紙上，讚揚了軍隊，認爲它是代表秩序黨去與表示無政府狀態無力的民衆相對立的力量，而尚加爾涅則被稱頌爲『社會砥柱』——這個神祕的騙局，最後連他自己也信以爲眞了。這時，那些彷彿是形跡可疑的軍隊，都被暗下調出了巴黎；那些在選舉中表現最有民主傾向的團隊，都從法國調往阿爾及利亞去了；兵士中間不安分的分子，都被送入了懲罰營；最後，報刊已弄得與兵營完全隔絕，而兵營則弄得與平民完全隔絕了。

這裏我們就談到了法國國民衛軍歷史上的決定性的轉折點。在一八三〇年，國民衛軍決定了復辟的命運。在路易—菲力普統治時代，如果國民衛軍與軍隊行動一致，每次暴動都要遭到失敗。當國民衛軍在一八四八年二月事變中對起義採取消極的態度，而對路易—菲力普採取模稜兩可的態度時，路易—菲力普就自認滅亡，而

17—1966

且確實滅亡了。於是一般人中間就確立了這樣一種信念，卽認爲革命沒有國民衛軍支持時，革命是不能勝利的；軍隊受到國民衛軍反對時，軍隊也是不能勝利的。這原是軍隊認爲公民萬能(bürgerliche Allmacht)的一種迷信式的觀念。一八四八年六月事變，當全部國民衛軍協同正規軍把起義鎭壓下去的時候，就使這種迷信更加鞏固起來了。從波拿巴就任總統時起，由於違反憲法地把國民衛軍長官職任與正規軍第一師團長官職任統一在尙加爾涅一人身上，國民衛軍的作用就少許降低了一些。

正如國民衛軍指揮權在這裏好像成了軍隊指揮權的附屬職能一樣，國民衛軍本身也帶着只是正規軍的附屬物的性質了。最後，在六月十三日，它已澈底被打垮，不僅是由於從這時起國民衛軍在法國全國各地都是一部一部地逐漸被解散，直至它只剩了一些碎屑爲止。六月十三日的示威遊行，首先是國民衛軍中民主分子的示威遊行。固然，他們去與軍隊相對抗的時候，並不是拿着自己的武器，只是穿着自己的軍裝；可是，護身符就在於這個軍裝。軍隊已確信到，這種軍裝，也和任何其他軍裝一樣，是一塊毛布。魅力消失了。在一八四八年六月事變時，資產階級和小資產階級以國民衛軍爲代表與軍隊聯合起來反對了無產階級；一八四九年六月十三日，資產階級靠軍隊幫助解散了小資產階級的國民衛軍；一八五一年十二月二日，資產階級的國民衛軍已經不存在了，所以當波拿巴後來簽署解散國民衛軍的法令時，他只是確認了旣成的事實。資產階級就這樣自己破毀了自己對抗軍隊的最後一個武器，但自從小資產階級在它面前已顯得不像是一個順臣而像是一個反叛者的時候起，它原是不得不破毀這個武器的。並且一般說來，資產階級一當自己成爲專制者的時候，它就不得不親手把自己反對專制的一切防禦手段盡行破毀掉。

在這時候，秩序黨却慶祝了政權歸還給它這個原主的盛事，它先前在一八四八年間喪失這個政權好像是專爲待到一八四九年間擺脫一切羈絆時重新收回來哩，——慶祝的辦法是侮辱共和國和憲法，咒詛未來、現在和過去所有一切以至連它自己的領袖所舉行的那個革命都包括在內的革命，最後就是頒佈一些拑制報刊言論、破壞結社自由並把戒嚴狀態規定爲正常制度的法律。接着，國民議會就宣佈從八月中旬到十月中旬停止開會並且任命了自己休會期間的常駐委員會。在休會期間，合法王朝黨人與愛姆斯一起施展陰謀，奧爾良黨人與克勒爾蒙特一起施展陰謀，波拿巴藉皇帝式的巡遊來施展陰謀，而各州議會則在爲修改憲法召開的會議上施展陰謀，——這都是每逢國民議會定期休會時期照例重複發生的事實。這種事實只有在其具有事變的性質時，我才較爲詳細地予以論述。不過這裏還應該指出，國民議會舉動失策的地方是它在一個相當長的時期內消失不見，只留下波拿巴這一個——雖然是個可憐的——人物有目共覩地獨站在共和國首腦地位，秩序黨本身則分解成爲各個具有敵對復辟慾望的保皇派構成部分，使衆人感到彆扭。每當這種休會期間，國會的喧鬧聲趨於沉寂而國會身體融消到國民裏去的時候，就可顯然看出，這個共和國爲要顯出自己的眞面目來，只缺少一件東西，就是還要使得國會的休會繼續不斷，並把它所標榜的『自由、平等、博愛』這句格言用毫不含糊的『步兵、騎兵、砲兵』這幾個字眼來代替。

（四）

一八四九年十月中旬，國民議會宣佈復會。十一月一日，波拿巴向議會致送一個咨文，因而使它感到驚愕，咨文內容是說巴洛—法盧內閣已經免職，新的內閣已經組成。開除一個僕人也不會比波拿巴罷免自己的內閣閣員更加橫蠻無禮了。預定要向國民議會踢去的一脚，先就踢到了巴洛及其同流身上。

前面我們已經說過，巴洛內閣是由合法王朝黨人和奧爾良黨人組成的。這是個秩序黨的內閣。波拿巴需要這個內閣，是爲了要解

17*

散共和派的立憲議會、準備遠征羅馬，並摧毀民主黨的力量。那時他好像是躲到了這個內閣背後，把政府權力讓給了秩序黨，戴上了路易—菲力普時代一般報紙主筆們常戴的樸質的假面具，卽冒名的頂替者通常戴着的假面具。此時他已把假面具丟掉了，因爲這個面具已不是一個使他能夠隱藏自己面容的紗製薄幕，而是已變成一個妨礙他顯示出自己本來面目的鐵製面具了。他任命巴洛內閣，是要藉秩序黨的名義驅散共和派的國民議會；他罷免這個內閣，是要宣佈說他的名字不依賴於這個秩序黨的國民議會。

對於罷免巴洛內閣一事，是不乏正當藉口的。巴洛內閣甚至把共和國總統當作一個與國民議會並存權力看待時必須遵守的禮節，也加以忽視了。在國民議會休會期間，波拿巴發表了一封致艾德加・賴依的信，其中好像是指摘了教皇非自由主義的行動，也如他曾違反立憲議會意旨而發表過一封稱讚了烏提諾進攻羅馬共和國的信一樣。當國民議會表決遠征羅馬的預算案時，雨果本着外表自由主義精神提起了關於這封信的問題。秩序黨在表示輕蔑和懷疑的叫聲下，根本埋葬了認爲波拿巴的狂妄舉動能有什麼政治意義的念頭。內閣閣員沒有一人出來替波拿巴應戰過。另一回，巴洛從講壇上，以其特有的空洞熱情，忿然大胆講到了據他說是在總統親信人物中間進行着的『可憎的陰謀』。最後，內閣從國民議會中爲奧爾良公爵夫人爭得了寡婦恩俸，同時又堅決拒絕向國民議會提議增加總統薪俸。在波拿巴這個人身上，帝位覬覦者的身份與破產冒險家的身份是結合得如此密切，以致他除了懷着認定他負有使命要恢復帝國的這個偉大思想之外，總是懷着另一個偉大思想，卽認定法國人民負有使命要替他償債。

巴洛—法盧內閣乃是波拿巴所成立的最先一個同時又是最後一個國會制內閣。所以，這個內閣的罷免是一個決定性的轉折點。隨着這個內閣的罷免，秩序黨就不可挽回地喪失了這個爲維持國會制度所必需的支柱——失去了對行政權力的領導。在法國這樣一個國度裏，——這裏行政權力是支配着五十萬人以上的官吏，即經常和絕對控制着大量利益和大量個人的；這裏國家是宰制、管制、指揮、督察和監視着全部公民社會，從它那些最大的生活表現起直到它那些最小的生活表現爲止，從它的最一般生存形式起直到個人私自生活爲止的；這裏國家這個寄生機體是由於非常集權而遍地皆存、無所不知並且極其敏捷和極其靈活的，同時現實社會機體却又是極無自動性、極其軟弱和極不固定的——在這樣一個國度裏，十分明顯，國民議會若不簡化國家管理部門，若不縮減龐大官吏機構，最後是若不讓公民社會和輿論界去創立其本身不依靠於政府權力的機關，那它在喪失了分封閣員位置的權限時，就會同時喪失任何實際影響了。但是，法國資產階級的物質利益是與保持這個廣濶密佈國家機器的利益分不開的。這裏它能安插自己多餘的人口，並且以利用向國家領取薪俸的形式獲得的數目來補充它不能利用利潤、利息、地租和酬金形式獲得的數目。另一方面，資產階級的政治利益又迫使它每天都要加強壓制，即每天都要增加國家政權的經費和人員，同時又不斷地進行反對社會輿論的戰爭，並且在不能把獨立的社會運動機關直接切斷時就對它們表示猜疑而加以迫害、摧殘和痲痺。這樣，法國資產階級的階級地位就迫使它一方面要根本破壞一切國會權力，就中也破壞它自己的國會權力，另一方面則使得與它相敵對的行政權力成爲不可克服的權力。

新內閣稱爲歐普里內閣。這並不是說歐普里將軍得到了內閣總理的職位。自從巴洛免職時起，波拿巴甚至廢去了這個職位，因爲事實上這個職位使共和國總統處於依法很少能起作用的立憲君主地位，而這個立憲君主是沒有王位和王冠，沒有王笏和寶劍，沒有神聖不可侵犯的特權，沒有世襲的最高國家權位，並且——這點最壞——是沒有皇室年俸的。歐普里內閣裏，只有一個人擁有議員頭銜，這就是高利貸者富里德，他是金融貴族中的一個最惡名昭彰的角色。財政總長的位置就落到了他手上。只要看看巴黎交易所的行市表，就可以看出，從一八四九年十一月一日起，法國的證券是隨着波拿巴的股票的漲跌而漲跌的。　波拿巴既在交易所中找得了同盟者，同時又以任命卡爾里葉爲巴黎警察局長而把警察抓到了自己手中。

可是，內閣更迭的後果，只有在事變繼續發展進程中才能顯露出來。波拿巴暫時只向前邁進了一步，好像是爲着更加顯然表明自己是被拋棄到後面去了似的。他在致送了一篇唐突的咨文之後，接着就極爲卑屈地表示忠順於國民議會。每當內閣閣員們敢於稍許企圖把他的個人奇怪妄想制定成法案的時候，他們好像只是迫於本身地位勉強執行着他們事先已確信不會有什麼效果的滑稽性的委託。每當波拿巴在內閣閣員們背後洩露出他的意圖並玩弄着他的『拿破崙觀念』的時候，他的內閣閣員就在國民議會講壇上表示不同意他的主張。看來好像說出他那篡奪權位的慾望，只是爲着使他那些敵人們的惡意哄笑聲不致沉寂下去似的。他扮演了一個沒被他人賞識而被舉世認作傻瓜的天才角色。他從來也沒有像此時一樣遭受一切階級如此深刻的輕蔑。資產階級從來還沒有這樣絕對地統治過，從來還沒有這樣高傲地誇示過自己的統治地位。

我的任務不是要在這裏寫資產階級立法活動的歷史，它的立法活動在這個時期只限於制定兩個法律：一個是恢復葡萄酒稅的法律，另一個是廢除無神思想的學校法。資產階級雖使法國人民對於葡萄酒的消費感到了困難，同時却使他們獲得了更加盡情痛飲純正生活清水的幸福。資產階級既以恢復葡萄酒稅宣佈了舊時可恨稅制的不可侵犯性，同時又力圖以學校法來使民衆保存他們能賴以忍耐這一稅制的舊心情。有人感到奇怪，爲什麼奧爾良黨人、自由主義資產者——這些福祿特爾思想和折衷派哲學的老信徒們——竟把對法國人民的精神指導工作，委託給他們的世仇即耶穌會員去担任。這並沒有什麼奇怪：奧爾良黨人和合法王朝黨人在王位覬覦者問題上可能有所分歧，但是他們雙方都懂得，他們的共同統治是要求把兩個時代的壓迫手段結合起來的，七月王朝的奴役手段是必須用復辟時代的奴役手段來補充和加強的。

農民的一切希望都落了空，他們一方面比任何時候都苦於穀物價格低降，另一方面又苦於負稅和抵押債務日益加重，於是他們在各州開始騷動起來。但他們所獲得的答覆，却是迫害學校教師而使其受僧侶管制，迫害地方自治局長而使其受行政長官管制，最後是施行偵探制度而使一切人都受其控制。在巴黎和大城市，反動派本身穿着自己時代的服裝，其挑釁行爲多於壓制。在鄉村中，反動派是卑鄙、齷齪、小氣、可惡和可厭的，簡言之，就是憲兵。當然，受過牧師統治制度神聖禱頌的三年憲兵統治制度，是不免要使一般蒙昧民衆深被腐化的了。

不管秩序黨在國民議會講壇上施展了多少熱情和浮誇議論來反對少數分子，但它所說的言詞始終都是單音節的，正如基督教徒只應該說『是』和『否』一樣！不論是報刋或講壇上的言論，都是很單調的，都是和答案可以預先知道的謎語一樣平淡無味。　不論是談到請願權或是談到葡萄酒稅也好，不管是談到出版自由或是談到貿易自由也好，不管是談到俱樂部或是談到市政條例也好，也不管是談到保障人身自由或是談到調節國家預算也好，——所發出的口令總是一樣，題目總是一樣，判決詞總是早已準備妥貼而且總是一成不變地說道：『社會主義！』甚至資產階級的自由主義也被宣佈爲社會主義；資產階級的教育也被宣佈爲社會主義；資產階級的財政改革也被宣佈爲社會主義。在已有一條運河的地方建築一條鉄路也是社會主義，用木棍抵禦刀劍襲擊也是社會主義。

這並不只是一句空話、一種時髦或一種黨派鬥爭手腕。資產階級正確地瞭解到：它爲反對封建制度所鍛鍊出來的各種武器都倒過來朝向它自己了，它所創造的一切教育手段都起而反對它自己的文明了，它所創造的一切神仙都離棄它了。它已瞭解到：一切所謂公民自由和進步機關，都侵犯着它的階級統治，並且旣使其社會基礎又使其政治上層受着威脅，因此就成了『社會主義的』了。在這種威脅和這種侵犯中，它正確地看出了社會主義的秘密，所以它對於社會主義的意義和趨勢的評價就比較所謂社會主義自己所作的評價要正確些，而這種所謂社會主義因此也就不能瞭解爲什麽資產階級對它一味表示反對——不管它是在本着感傷心情哭訴着人類的痛苦也好，不管它是在宣告着基督千年太平世界始開和普遍博愛也好，不管它是在用人道主義態度漫談着精神、教育和自由，或是在臆造着關於一切階級的協調和幸福的空論思想體系也好，反正都是一樣。資產階級只是沒有瞭解到一點：如果澈底推論下去，那末它自己的國會制度，它的一般政治統治，也應該被指斥爲一種社會主義的東西了。當資產階級統治還沒有充分組織起來，還沒有獲得自己的明確政治表現時，其他各個階級與資產階級相敵對的關係也是不能明確地表現出來的，而在它有所表現的地方，它也不能採取那種使一切反對國家政權的鬥爭轉化爲反對資本的鬥爭的危險形式。既然資產階級認爲任何一種社會生活表現都危害『安寧』，那末它又怎能在社會上層保持不安寧的制度，即保持自己那個——照它的一位發言人的說法——生存在鬥爭中並且靠鬥爭生存的國會制度呢？靠辯論生存的國會制度，怎能禁止辯論呢？既然這裏每種利益或每種社會措施都變成爲一般的思想，並被當作一種思想來解釋，那末試問怎樣能把某一種利益或某一種措施當作一種超出思維的東西，而強使人們把它當作一種信條來接受呢？發言人在講壇上的鬥爭，引起了報刊作家的鬥爭；國會中的辯論會必然要由沙龍和酒館中的辯論會來補充；議員經常訴諸民意，就使人民有理由在請願書中表示其眞正的意見。既然國會制度將一切事情交歸大多數去決定，那末國會以外的絕大多數人又怎能不想也作出決定呢？既然你們站在國家頂峯上拉提琴，那末你們又怎能驚奇站在下面的人們跳舞呢？

總之，既然資產階級把它從前當作『自由主義』提倡的東西指斥爲『社會主義』，那它就是承認說：它本身的利益迫使它要逃避自治制的危險；爲要恢復國內的安寧，首先必須使它的資產階級國會安靜下來；爲要完整地保持它的社會權力，就不免要摧毀它的政治權力；只有在資產階級作爲一個階級被注定要與其他階級在政治上同樣處於低微地位的條件下，個別資產者才能繼續剝削其他階級，安逸地享受財產、家庭、宗教和秩序的福利；爲要挽救它的錢包，必須把它頭上的王冠摘下，而使那個保護它的利劍像達摩克拉劍一樣懸在它自己的頭上。

在一般公民利益問題方面，國民議會竟是表現得如此軟弱無力，以致例如一八五〇年冬季開始的關於建築巴黎—亞威農鉄路問題的討論，直到一八五一年十二月二日還沒有貫澈到底。凡是在國民議會不從事壓迫，不進行反動活動的場合，它就患有不可救治的不妊之症。

波拿巴的內閣，部分地倡議制定了帶有秩序黨精神的法律，部分地又在實踐中加重了這些法律的苛刻性；而波拿巴本人則企圖以一些幼稚荒唐的提案來博得人望，強調着自己對於國民議會的敵意，並暗示說彷彿存在有一種神秘的寶藏，這種寶藏是由於暫時受到情勢阻碍才不能立刻把財寶顯示給法國人民的。這類提案中包括有主張把下級軍官薪俸每天增加四蘇的建議，以及創設工人借貸機關卽所謂『榮譽銀行』的法案。金錢的餽贈和金錢的借貸——這就是他希圖用以誘惑民衆的遠景。餽贈和貸款——這就是顯貴的和卑賤的流氓無產者的全部財政藝術。波拿巴所善於運用的妙訣，只此而已。從來沒有一個權位覬覦者像他那樣鄙俗地靠利用羣氓的鄙俗性來進行過投機勾當。

國民議會眼看波拿巴這樣分明企圖靠損害它的利益來博取人望，並且眼看這個受着債主鞭策而又沒有博得過絲毫值得愛惜的名譽的冒險家可能作出某種極冒險勾當來的危險日益加厲起來，曾不止一次地表示狂怒。當秩序黨與總統間的嫌隙幾乎已帶有危險性質的時候，一個出乎意料的事件又迫使波拿巴懺悔似地重新投入秩序黨懷抱中了。我們所說的是一八五〇年三月十日的補充選舉。這次選舉，是爲替換那些在六月十三日事變後遭受監禁或逃亡國外的議員而舉行的。巴黎只選出了社會主義民主派的候選人。並且絕大部分選票都投給了參加過六月起義的德佛羅特。與無產階級聯合起來的巴黎小資產階級，就是這樣報復了一八四九年六月十三日的失敗的。看起來，小資產階級在危險關頭離開戰場，只是爲了要在順利的情況下能以更大的戰鬥力量和以更勇敢的戰鬥口號重新進入戰場哩。看起來，有一種情況使這次選舉勝利的危險性更形加厲了，這種情況就是軍隊在巴黎投票選舉了一位六月起義者來反對波拿巴的內閣閣員拉伊特，同時在各州區又大部分投票選舉了山岳黨人，山岳黨人在這裏也是——雖然不如在巴黎那樣絕對地——比敵人佔了優勢的。

波拿巴突然看到自己又面對着革命了。也如在一八四九年一月二十九日和一八四九年六月十三日那樣，他在一八五〇年三月十日又躲到了秩序黨背後。他屈服了，他卑怯地負荊請罪了，他表示願意遵照國會多數人的意旨來組織任何一個內閣，他甚至懇求奧爾良派和合法王朝派的首領們——梯也爾、貝爾耶、布洛利和摩列一流人，簡言之，就是懇求所謂城主們來親自掌握政柄。秩序黨未能利用這個千載難逢的機會。它不但沒有大胆地握取這個政權，而且甚至沒有強迫波拿巴來恢復他在十一月一日所罷免的內閣；它所引爲滿足的只是以表示寬恕來把波拿巴羞辱了一下，並使巴洛士先生加進歐普里內閣罷了。這個巴洛士在部爾日作爲最高法院的檢查官時，曾瘋狂地攻擊過五月十五日事件中的革命者和六月十三日事件中的民主黨人，兩次都是控以謀害國民議會罪。以後，任何一個波拿巴的內閣閣員，都沒有比巴洛士更努力侮辱過國民議會，而在一八五一年十二月二日以後，他已當起位高俸厚的參議院副議長來了。他吐痰於革命者的羹湯中，爲的是使波拿巴能夠把它吃掉。

至於社會民主黨，它似乎只是尋取機會來再度把自己的勝利孤注一擲，並削弱這一勝利的意義。 巴黎新選議員之一的維達爾，同時在斯特拉斯堡也當選了。他依照黨的要求辭去巴黎城的委任狀而接受了斯特拉斯堡城的委任狀。這樣，民主黨就沒有把自己在巴黎的勝利變成最終的勝利，從而激起秩序黨立刻在國會中與他們進行鬥爭，也沒有迫使敵人在民衆熱情高昂和軍隊抱着好感的時機出來鬥爭，反而在三、四兩月間用新的競選運動厭煩了巴黎，讓激昂的民衆感情在這一新的臨時競選把戲中冷淡下來，使革命精力滿足於憲制的成就，把革命精力浪費於細小攻訐、空洞宣言和虛假運動，讓資產階級有時間來恢復知覺和採取相當辦法，最後是以四月補充選舉作爲感情主義的註釋——艾任・蘇的當選——來減弱了三月選舉的意義。簡言之，就是社會民主黨向三月十日開了一個四月愚人節的玩笑。

國會中的多數懂得了對方的弱點。秩序黨的十七位城主——因爲波拿巴讓秩序黨担負了對於舉行這次攻擊的指揮和責任——制定了新選舉法，被選定來担任新選舉法案報告人的便是乞求了這個榮幸委任的福舍先生。五月八日，福舍提出了一個法案，其內容是要廢除普選權並規定選舉人必須在選舉區內居住三年，而且工人在選舉區內居住了的期限應由他們的僱主作證來確定。

民主黨人在憲制選舉鬥爭時期是以多麼主張革命的精神表示過奮激昂揚，而現在應該手持武器來證明自己選舉勝利的重大意義的時候，却又是以多麼確守憲制的精神來鼓吹秩序、莊皇安寧 (calme majestueux) 和合法行爲，即盲目服從自封爲法律的反革命派的意志呵。在辯論的時候，山岳黨力圖羞辱秩序黨，以一個確遵法制的正直庸人的淡漠態度來對抗它的革命熱情，以責備革命行爲的可怕非難來使它驚恐萬分。甚至新當選的議員們也極力想以自己謹慎有禮的舉動來向大家證明：詛罵他們爲無政府主義者和把他們的當選說成爲革命勝利，是極不公正的。五月三十一日，新選舉法通過了。

山岳黨把一紙抗議書塞進總統的衣袋裏去，就心滿意足了。繼選舉法之後，又通過了一個完全消滅革命報刊的出版法。而革命報刊遭到這種厄運是應該的。在這一摧殘之後，革命最前綫的邊哨就只剩下國民報和新聞報這兩個資產階級的報紙了。

我們已經看到，民主主義的領袖們在三、四兩月間曾竭盡心力要把巴黎民衆拖入虛假鬥爭中去，正如他們在五月八日後竭盡心力來阻止巴黎民衆從事眞實的鬥爭一樣。此外還不要忘記，一八五○年是稀有的工商業繁榮年度，所以當時巴黎無產階級有充分就業的機會。可是，一八五○年五月三十一日的選舉法根本剝奪了無產階級參政的權利，甚至斷絕了他們接近戰場的機會。這個法律使工人回復到了他們在二月革命以前所處的卑賤的地位。他們既因受這一事件的影響而把自己的命運交給民主主義的領袖去主宰，爲了一時的安逸而忘却自己階級的革命利益，於是他們就放棄了自己成爲致勝力量的光榮，屈服於自己的命運，並以此表明，一八四八年六月的失敗已使他們長期喪失了鬥志，歷史的過程在最近的將來是又會越過他們而向前發展的。至於小資產階級民主派，他們在六月十三日是曾大嚷說『只要他們敢動一動普選權，只要敢動一下！』云云的，而現在他們却已在安慰自己說：反革命給予他們的打擊根本就不是什麽打擊，而五月三十一日的法律根本就不是什麽法律。在一八五二年五月的第二個星期日，每一個法國人都將是一手拿着選票，一手拿着利劍來到投票箱前的。他們用這樣的預言來安慰自己。最後，軍隊爲着一八五○年三月和四月的選舉而受到了上級的處罰，正如他們先前爲着一八四九年五月二十八日的選舉而受過處罰一樣。可是，在這一次，軍隊堅決地向自己說：『我們第三次是再不會上革命的當的了！』

一八五○年五月三十一日的法律，乃是資產階級的政變。資產階級先前所有各次對於革命的勝利，都只是臨時性質的。只要現屆國民議會一退出舞台，這種勝利就成爲問題了。這種勝利是依新屆普選中的偶然情況為轉移的，而自一八四八年以來的選舉歷史已經無可辯駁地證明出：資產階級的實際統治權力越加強固起來，則它對於民衆的精神統治權力也就愈益減弱下去。普選權在三月十日斷然表明了反對資產階級統治的態度，而資產階級就以取消普選權對此進行了報復。所以，五月三十一日的法律乃是階級鬥爭的一種必然表現。另一方面，按憲法規定，共和國總統當選是至少要有二百萬票擁護才可認爲有效的。如果總統候選人中沒有一個獲得這個最低限度的票數，那末國民議會就有權從得票最多的三個候選人中選出一個來當總統。當立憲議會制定這個法律的時候，登錄於選民冊中有一千萬選民。所以，照這個法律的意思說來，只要取得佔選民總數五分之一的票數，就能使總統當選有效了。五月三十一日的法律，至少從選民冊中鈎銷了三百萬個選民，這樣就把選民人數減低到七百萬人，而總統當選需要獲得二百萬選票的法定最低限額却依然保留着。這樣一來，法定的最低限額就從總選票五分之一幾乎提到了三分之一。換句話說，這個法律是用盡了一切辦法，以求把總統選舉從民衆手裏暗中轉歸國民議會掌握的。總之，秩序黨就好像是加倍鞏固了自己的統治權力，因為它已經用五月三十一日的選舉法把國民議會議員的選舉與共和國總統的選舉轉交給社會中的保守部分了。

（五）

革命危機剛一過去，普選權剛一廢止，國民議會與波拿巴之間的鬥爭又重新爆發了。

憲法規定發給波拿巴的薪俸是每年六十萬法郎。從他就職總統時起還不到半年，他就已能使這數額增加了一倍。巴洛曾要索立憲議會每年補充發給六十萬法郎作為所謂交際費。在六月十三日以後，波拿巴也曾提出過同樣的要求，可是巴洛這次並沒有表示響應。現在，在五月三十一日之後，波拿巴立即利用有利的時機，通過他的內閣閣員們向國民議會要求每年發給三百萬法郎的薪俸。這個冒險家的長期流浪生活，賦予了他以極爲敏感的觸覺，能以探知可能向資產者勒索金錢的時機。他採取了十足的欺詐手段。國民議會是在他幫助和在他同意下蹧踏了人民專制權力的。他威脅說，如果國民議會不鬆開錢袋，不以每年三百萬法郎來賺取他的沉默，那他就要把國民議會的這種犯罪行爲報告給人民。國民議會剝奪了三百萬法國人的選舉權，他要求把每一個政治上被弄得毫無價值的法國人換成一個有充分價值的法郎付給他，總計是三百萬法郎。他是由六百萬人選出來的人物，要求賠償他在事後被剝奪去的票數。國民議會的委員會拒絕了他這種厚顏無恥的要求。於是波拿巴派的報紙就來進行威脅。況且，國民議會既已根本澈底與國民大衆決裂了，它又哪能與共和國總統決裂呢？　國民議會雖然否決了年俸，同時却通過了一次發給二百一十六萬法郎的決定。國民議會既已答應給錢，同時又以自己的煩惱表明自己讓步是出於勉強，因而就暴露了加倍的軟弱。波拿巴爲什麽需要這筆款子，我們往後就可看到。　在這個緊接着廢除普選權後發生的令人懊氣的煞尾事件中，波拿巴對於擅權的國會已經把三四兩月危機時期的恭順口吻改成了挑戰式驕橫的口吻，而國民議會在這次事件後却宣佈休會三個月，從八月十一日起至十一月十一日止。它在自己休會期間留下了一個由二十八個人組成的常駐委員會，這二十八個人中沒有一個波拿巴分子，但却有幾個穩健的共和黨人。一八四九年的常駐委員會完全是由秩序之友和波拿巴分子所組成。　但是，那時是秩序黨以經常反對革命者自命，現在則是國會制共和國以經常反對總統者自命了。在五月三十一日法律通過後，秩序黨已只須顧到這個敵手了。

當國民議會在一八五〇年十一月復會的時候，情況會是這樣：看來，過去國民議會與總統之間的細小衝突勢必轉化成爲兩個權力間的大規模的戰鬥，轉化成爲兩個權力間你死我活的無情鬥爭了。

也如一八四九年間那樣，這次在國會休會期間，秩序黨又分解成了各個黨派，其中每一派都忙於自己的復辟主義陰謀，這種陰謀已因路易—菲力普之死而更形滋長起來了。合法王朝派的國王亨利第五，甚至任命了一個十足的內閣駐在巴黎，其中有幾個常駐委員會委員參加。因此，波拿巴方面也有理由巡遊法國各州，並按照他所幸臨的每個城市的情緒或多或少公開地吐露自己的復辟計劃，爲自己來張羅選票。 波拿巴在這次巡遊期間，在大型的官方導報和小型的波拿巴私人通報自然捧作凱旋遊行的這次巡遊期間，到處都有『十二月十日會』的會員們隨駕陪行。這個團體是在一八四九年就已成立了的。它名義上是個慈善團體，實則是巴黎流氓無產階級的秘密組織，分成許多由波拿巴的走狗所領導的支部，而總領導人則是一個波拿巴派的將軍。在這個團體裏，除了一些來歷不詳和生計可疑的破落放蕩者之外，除了資產階級出身的狂妄冒險分子之外，還有一些流氓、退伍軍人、出獄的刑事犯、脫逃的勞役犯、騙子、賣藝人、游民、扒手、變戲法者、賭徒、私娼狗腿、妓院老闆、挑伕、下流作家、拉琴賣唱人、揀破爛者、磨刀匠、鍍錫匠、叫化子，簡言之，就是一切隨着時勢浮沉漂蕩而被法國一般人稱作浪蕩游民的灰色雜亂人羣。波拿巴把這些跟他同類的分子組成爲『十二月十日會』的中堅，這個團體又稱爲『慈善社』，因爲其中所有一切成員都是和波拿巴一樣感覺到自己需要靠國內勞動民衆來周濟的。波拿巴是流氓無產階級的首領，他只有在這些流氓無產者身上才找到自己個人利益的羣衆反映，他把這些由所有各個階級中淘汰出來的渣滓、殘屑和糟粕看作是自己唯一可能絕對依靠的階級，——這就是眞實的波拿巴，這就是不加掩飾的波拿巴。他這個老奸巨猾的痞子，把各國人民的歷史生活及其所演出的一切悲劇看作是最鄙俗的滑稽劇，看作是專以華麗的服裝、詞藻和姿勢掩蓋最鄙陋汚穢行爲的假面跳舞會。例如，在進攻斯特拉斯堡[1]時，一個受過訓練的瑞士鷂子就扮演了拿破崙飛鷹的角

[1] 路易•波拿巴於一八三六年在斯特拉斯堡第一次企圖舉行政變，結果遭受失敗。路易•波拿巴於一八四〇年攻入布倫，企圖自立爲帝，再遭失敗。——編者註。

色。當他在布倫登陸時，他給幾個倫敦僕役穿上了法國軍裝，於是他們就儼然裝成了軍隊。在他的『十二月十日會』中，一萬個游手好閒分子應該裝作人民，如像在莎士比亞的滑稽劇中，織工尼克波通扮演着獅子一樣[1]。當資產階級自己毫不違反法國演劇格式定型規則而以最認眞的姿態表演着十足的滑稽劇時，當它一半被騙一半被說服而自以爲是表演得莊嚴堂皇時，——在這樣的時候，一個把滑稽劇簡單看作滑稽劇的冒險家，當然是一定要獲得勝利的了。只有當他已經戰勝了穿着儀裝的敵人，並且認眞演起自己的皇帝角色，在拿破崙假面具下裝作眞正拿破崙的時候，他才成了他自己的世界觀的犧牲品，成了一個再不把世界歷史看作滑稽劇而是把自己的滑稽劇看作世界歷史的認眞的丑角了。『十二月十日會』乃是波拿巴一人特有的黨派的戰鬥力量；它對於波拿巴的意義，是也如國民工場對於社會主義工人的意義一樣，也如別動衛軍對於資產階級共和黨人的意義一樣的。在他巡遊期間，『十二月十日會』的會員們一羣一羣地簇集在沿途各處火車站上，依命裝作迎駕的羣衆，裝作人民熱情的表現者，高叫『皇帝萬歲！』，侮辱和毆打共和黨人，——所有這些，當然都是在警察保護下作出的。當他囘到巴黎時，這些人就充當了前衛，防止或驅散一切敵對性的示威遊行。『十二月十日會』是隸屬於他的東西，是他所創作的東西，是完全出自他自己的主意的。在一切其他方面，他所劃歸給自己的東西，都是由於情勢關係落到了他的手中的；他所作的一切，都是情勢替他作成的，或不過是模倣着他人的行爲罷了。但是，公開對資產者大談秩序、宗教、家庭、財產等官腔話，暗地裏倚靠着舒福鉄爾里和什畢蓋里別爾格[2]一流人的團體，倚靠着搗亂、賣淫和偷竊的團體，這却是波拿巴獨出心裁的創作，而『十二月十日會』的歷史便是他本人的歷史。

---

[1] 在莎士比亞的滑稽劇仲夏夜之夢中。——編者註。

[2] 舒福鉄爾里和什畢蓋里別爾格是席勒戲劇盜賊中的人物。——編者註。

有次竟有幾個秩序黨議員被『十二月十日會』會員的木棍光顧過。並且還不止如此。掌管國民議會保衞事宜的警察專員岳昂，曾根據一個名叫亞勒者的口供向常駐委員會報告，說『十二月十日會』一個支部已決定暗殺尙加爾湼將軍和國民議會議長杜鵬，並已指定了兇手。可以想像到，杜鵬先生該是多麽吃驚呀。看來，議會對於『十二月十日會』的調査，卽對於波拿巴秘密內幕的揭發，一定是無可避免的了。可是，在國民議會卽將開會的時候，波拿巴却預有戒備地把自己的這個團體宣佈解散，不過這種解散當然只是在紙面上，因爲在一八五一年末，警察局長卡爾里葉在一個詳盡的報告書中還毫無成就地竭力勸他把『十二月十日會』眞正解散過哩。

當波拿巴還未能把國家軍隊變成『十二月十日會』時，『十二月十日會』是不免要依然留作他的私人軍隊的。波拿巴在國民議會休會不久就已初次試行此種企圖，並且是利用他從國民議會手中强索得來的金錢試行此種企圖的。他是一個宿命論者，相信有一種最高力量是人們特別是軍人們所抵抗不住的。而首先被他列入這種力量的就是雪茄烟和香檳酒，冷野味和蒜臘腸。所以他一開始就在葉里塞宮的大廳中，以雪茄烟、香檳酒、冷野味和蒜臘腸來款待了軍官和軍士。十月三日，他在聖摩爾閱兵時，又對軍隊採用了這種辦法；十月十日，他在薩托里總閱兵時，又更大規模地重複了這種辦法。伯父曾經回憶過亞歷山大大帝遠征亞洲的故事，姪兒回憶起了巴卡斯在同一地方征伐的故事。亞歷山大大帝固然是個半仙，而巴卡斯却是個眞神，並且是『十二月十日會』的護神。

在十月三日檢閱後，常駐委員會曾把陸軍總長歐普里召來質問。後者保證說，這類違犯紀律的事情是不會再發生的。大家都知道波拿巴怎樣在十月十日履行了歐普里的諾言。這兩次閱兵式，都是由巴黎軍隊總司令尙加爾湼担任指揮的。這個尙加爾湼同時旣是常駐委員會的委員，又是國民衞軍的司令官；旣是一月二十九日和六月十三日的『救星』，又是『社會砥柱』；既是秩序黨的總統候選人，又是兩個王朝意料中的蒙克；他先前從未承認自己爲陸軍總長的部屬，向來都是公然嘲笑共和國憲法，經常都是對波拿巴採取模稜兩可的高傲庇護態度的。現在他却已熱烈擁護軍紀來反對陸軍總長，擁護憲法來反對波拿巴了。當十月十日有一部分騎兵高呼『拿破崙萬歲！臘腸萬歲！』時，尙加爾涅飭令至少也必須使他的朋友賴邁耶爾率領去受檢閱的步兵嚴守沉默。在波拿巴慫恿下，陸軍總長以任命賴邁耶爾將軍爲第十四和第十五師團的司令官爲藉口解除了他在巴黎的職位，以示處罰。賴邁耶爾拒絕調換職務，因而被迫辭職。尙加爾涅則於十一月二日發佈命令，禁止軍隊在軍伍中呼喊任何政治口號和在軍伍中進行示威。薆里塞方面的報紙[1]攻擊尙加爾涅；秩序黨的報紙攻擊波拿巴；常駐委員會接連不斷地召開秘密會議，在會上一再提議宣佈祖國處於危急狀態；軍隊好像已分裂爲兩個敵對的陣營，有兩個敵對的參謀部，一個在波拿巴的住所薆里塞宮開會，另一個在尙加爾涅的住所推勒里宮開會。國民議會的集會看來是不免要發出公開戰鬥的信號了。法國人士對於波拿巴與尙加爾涅間這次糾紛的評判，實與一位英國記者對這種情況的評論相同，這位記者寫道：『法國的政治女僕們正在用舊掃箒來掃除革命的灼熱熔岩，同時互相吵罵。』

這時，波拿巴急忙地罷免了陸軍總長歐普里，隨即把他派到阿爾及利亞去，而任命施拉姆將軍繼任陸軍總長。在十一月十二日，波拿巴向國民議會致送了一篇美國式的冗長咨文，其中充滿了瑣事，滲透着秩序臭味，渴望調和，表示服從憲法，談論到所有一切事情，只是沒有講到當前緊急問題。他好像是順便指出說，根據憲法眞義，軍隊指揮權完全屬於總統。這篇咨文是以如下一段極其莊嚴的詞句作結的：

[1] 薆里塞方面的報紙是指波拿巴派的報紙而言。——編者註。

『法國要求的首先是安寧…我一個人身受誓言約束，我將謹守這個誓言所給我劃定的狹隘界限…至於我個人，我是由人民選出的，我的權力完全是由人民賦予我的，我將永遠服從人民合法表示的意志。 如果你們在此屆會期中決定要修正憲法，那末爲此目的而召集的立憲議會就會調整行政權力的地位，否則人民將於一八五二年莊嚴地宣佈自己的決定。可是不論將來決定如何，我們總應達成協議，務使一個偉大民族的命運永遠不會由熱情、意外事故或暴力來主宰。… 我首先注意的問題不是在一八五二年誰將治理法國，而是要運用我所有的時間來使這個過渡時期不發生風波擾攘而平安渡過。我已向你們開誠佈公。望你們以信任來回答我的誠意，以襄助來回答我的善念，其餘一切將由上帝來照顧。』

資產階級慣用的端正的、虛僞穩健的、庸俗慈善的老生常談，在『十二月十日會』的專制魔王兼聖摩爾和薩托里野餐宴會的英雄的口中，暴露了它那最深長的意思。

至於這種內心剖白應該受到什麼樣的信任，秩序黨的城主們一刻也沒有猜錯。誓言是他們早已聽厭了的，因爲他們自己的人們中間就有許多政治上違背誓言的老手和巧匠；不過關於軍隊的那一段話，他們倒沒有聽漏。他們憤懣地發覺到：這個咨文雖然冗長地列舉了最近頒佈的各種法律，但却故意沒有提到最重要的法律——選舉法；不止如此，在保存舊憲法的場合，這個咨文是把一八五二年的總統選舉權委諸人民的。選舉法是繫在秩序黨脚上的沉重贅物，妨礙他們行動，當然更妨礙他們進行衝擊！並且，波拿巴以正式解散『十二月十日會』和罷免歐普里陸軍總長職務的手法，親手把贖罪的羔羊獻到了祖國祭壇上。他把預期發生衝突的最尖銳的爭端排除了。最後，秩序黨自己竭力設法迴避、緩和並抹煞勢必跟行政權力發生的決定性的衝突。由於害怕失去在對革命進行鬥爭中所獲得的一切，它讓敵手攫去了它所獲得的果實。『法國要求的首先是安

18*

寧』，——秩序黨從二月[1]起就已開始對革命這樣叫喊說；現在波拿巴在他的咨文中也是對秩序黨叫喊說：『法國要求的首先是安寧』。波拿巴幹出了圖謀篡奪權位的行爲，但是秩序黨因他幹出這種行爲而吵吵嚷嚷並且神經過敏地加以解釋，也就成了『不安寧情況』的罪人。只要沒有人談到薩托里的臘腸，這臘腸是噤若寒蟬的。『法國要求的首先是安寧』；所以波拿巴要求讓他安安靜靜地幹他的勾當，而國會黨則已被雙重恐懼所麻痺：怕重新引起革命的不安寧狀態，又怕自己在本階級即資產階級眼目中成爲不安寧狀態的罪人。既然法國要求的首先是安寧，所以秩序黨也就不敢以『戰爭』去回答波拿巴咨文中的『和平』了。一般人曾期待在國民議會開會時必將發生大吵鬧，結果竟是大失所望。反對派的議員要求常駐委員會交出它關於十月事件的記錄，但這個要求竟被多數否決了。國民議會根本規避一切可能激動人心的辯論。國民議會在一八五〇年十一月和十二月的工作，是沒有什麼興趣可言的。

直到十二月底，才開始發生了一些關於國會個別權限問題的細小衝突。自從資產階級以廢止普選制暫時避開了階級鬥爭的時候起，運動範圍就縮小下去，就變成專爲兩個權力間的權限問題發生的小小的口角了。

有一位議員，名叫摩根，因負債被法庭判決有罪。司法總長盧艾爾在回答法院院長的詢問時宣稱，應當不再拘什麼儀式，就逕直下令把負債者拘捕起來。於是摩根就被投入債務監獄中了。國民議會知道了這種破壞議員不可侵犯權的消息時，大爲憤懣。它不僅決定要立即釋放被捕者，而且當晚就通過自己的法警用強力把他從克利什監獄裏放出來了。可是，在另一方面，爲了要證明自己眞正信仰私有制的神聖性，並且爲了要在將來遇有必要時可能把擾人的山岳黨人安置到現成的地方去，國民議會就又宣佈說：在事先取得它的同意

[1] 一八四八年二月。——編者註。

時，拘捕負債人民代表是可以容許的。不過國民議會忘記宣佈說共和國總統在負債時也可被捕入獄。國民議會把自己議員不可侵犯權的最後一點影子都消滅無餘了。

上面已經講過，警察專員岳昂根據某亞勒說出的供詞，告發了『十二月十日會』一個支部陰謀暗殺杜鵬和尙加爾湼兩人的消息。因此，國會總務官在第一次會議上就已提議設置特別的國會警察隊，由國民議會特別預算經費維持，完全不受警察局長管轄。內務總長巴洛士當卽提出抗議，說這是一種侵害他的職權的行爲。結果雙方成立了一種可憐的妥協，規定國會警察專員應由國會預算經費維持並由國會總務官任免，不過事先必須取得內務總長的同意。這時，政府已對亞勒進行了司法上的取締，因而很容易就把亞勒的供詞宣佈爲憑空揑造，並由檢查官出頭把杜鵬、尙加爾湼、岳昂和整個國民議會嘲笑了一頓。然後，十二月二十九日，巴洛士總長又寫信給杜鵬，要求罷免岳昂。國民議會常務局決定岳昂留任原職，可是國民議會旣已被自己在摩根案件中的暴力行爲所嚇倒，旣已習慣於在每次給行政權力一個打擊後受到它的兩個打擊，也就沒有批准這個決定。國民議會居然爲酬答岳昂忠誠盡職罷免了岳昂的職務，因而剝奪了自己所享有的國會特權，但這種特權是它所絕對必需的，因爲當時它所要對付的那個人不是一個夜間策劃白天要怎樣動作的人，而是一個白天從事策劃和夜間實行自己所定計謀的人哩。

前面我們已經看到，國民議會在十一和十二兩月間，總是極力避免和拒絕在最重大決定性問題上對行政權力進行鬥爭。現在我們却看到，它不得不爲了最細小的緣由投入戰鬥。在處置摩根案子時，它原則上已容許拘捕負債議員，不過保證自己有可能把這個原則只運用於可惡的議員身上，並且爲了這種可恥的特權而與司法總長發生爭執。國民議會並沒有利用關於彷彿有人在準備暗殺杜鵬和尙加爾湼兩人的消息來要求查究『十二月十日會』的活動，並在法國和歐洲面前徹底揭穿波拿巴，好使大家都能明白看出他是巴黎流氓無產階級的首領，却竟把衝突歸結成了跟內務總長進行的關於警察專員應由誰任免問題的爭吵。由此可見，秩序黨在這個時期內始終都因自己處於模稜兩可的地位，不得不把自己反對行政權力的鬥爭變成關於權限問題的細小糾紛，變成吹毛求疵，無謂爭訟以及關於劃淸界限問題的爭論，因而就把一些空洞形式手續問題變成了自己活動的內容。當鬥爭有着原則意義，當行政權力眞正破壞了自己的信用，當國民議會事業可能成爲國民事業的時候，秩序黨却竟不敢出而應戰，因爲秩序黨若是出而應戰，就不免要對國民發出一種發動的信號，而發動國民却是它最爲害怕的事情哩。因此，在這樣的場合，它就總是否决山岳黨的提案而轉入日常議程。當秩序黨已放棄了大規模的鬥爭之後，行政權力就靜待時機，以便有可能藉一個很小的無關緊要的緣由，即在問題只具有可說是國會性的局部的興趣時，又重新來開始這個鬥爭。那時秩序黨就發洩出滿懷的憤怒，那時它就拉開舞台的布幕，揭開總統頭上的假面具，宣佈共和國處境危急，然而那時它的熱情却令人感到是很荒唐的，鬥爭的緣由是一種虛僞的口實或根本不値得鬥爭的東西。議會的風暴原來不過是一杯水中的風暴，鬥爭不過是陰謀，衝突不過是吵架。各革命階級都幸災樂禍地觀望着國民議會受辱的情形，因爲它們對國民議會的國會特權表示關心，是與國民議會對社會自由表示關心一樣的；同時國會外的資產階級則不瞭解，爲什麼國會內的資產階級居然把時間浪費在這樣瑣屑的紛爭上，爲什麼它居然以這樣無聊地跟總統進行競爭來危害安寧。它被這樣的戰略，被這樣一種當大家都等候戰爭時進行媾和，而當大家都以爲和平已締結時却竟開始進攻的戰略弄迷惑了。

十二月二十日，杜普拉就發行金條彩票一事向內務總長提出質問。這彩票是『葉里塞場園的女兒』。波拿巴及其親信人員把它獻給人世，而警察局長卡爾里葉則把它置於自己正式保護之下，雖則法國法律除了以慈善爲目的的彩票外，是禁止發行任何其他的彩票的。彩票發行了七百萬張，每張一法郎，而所得純利據說是用來遣送巴黎的游民到加利福尼亞去的。發行這種彩票的用意，部分地是要用黃金夢來排除巴黎無產階級的社會主義夢想，用可望中頭彩的誘人幻景來驅除空論式的勞動權。自然，巴黎的工人們沒有認出加利福尼亞的耀眼金條就是從他們錢袋裏騙去的無光彩的法郎。一般說來，這種彩票是個純粹的騙局。妄想不離開巴黎就能在加利福尼亞發現金礦的游民，正就是波拿巴自己以及他那些負債纍纍的侍從。國民議會所通過發給他的三百萬法郎已經用光了，無論如何總得重新塡滿空虛了的錢庫。波拿巴曾發起爲建立所謂工人鎮而向全國募集捐款，並且他自己在認捐名册上第一個認捐了一大筆款子，結果竟是徒勞無功。冷酷無情的資產者不信任地等待他付出認捐款額；而這筆款子自然是沒有付出的，於是對於社會主義空中樓閣的投機把戲就像肥皂泡一樣破滅了。金條有了較大的成效。波拿巴及其同謀者並不滿足於把一部分純收益裝進自己的腰包，他們還製造了大批假彩票，把同一個號碼的彩票發出十張、十五張以至二十張，——這眞是『十二月十日會』精神的財政手段呵！這裏，國民議會所碰到的不是名義上的共和國總統，而是眞正的、活生生的波拿巴。這裏，國民議會可能在他犯罪的地點——不是犯什麽違反憲法罪，而是犯了違反刑法罪的地點——把他當場捉住。如果說國民議會以轉入日常議程回答了杜普拉的質問，那末，它之所以這樣做，就不只是因爲吉拉爾登提議要國民議會宣佈自己『認爲滿意』而提醒秩序黨人想起了他們自己的一貫貪污行爲哩。資產者，尤其是被提升成國家人物的資產者，是經常以其理論上的浮誇來彌補其實踐上的卑鄙的。資產者身居國家人物地位時，也和與其相對立的國家權力一樣，就儼然成爲無上之物，因而對他作鬥爭時，也只能採取高尙的莊嚴的方式。

波拿巴作爲一個浪蕩人的子弟，作爲一個驕橫的流氓無產者，比資產階級的騙子有一種長處，即能用下流的手段來進行鬥爭，

——這時他已看到，在國民議會親手幫助他順利地渡過了軍人宴會、閱兵、『十二月十日會』以至違犯刑法等處滑足地點之後，他由表面上的防禦轉爲進攻的時刻已經到來了。當時司法總長、陸軍總長、海軍總長和財政總長所遭到的那些小小的失敗，即國民議會藉以表示了嘮叨不滿的失敗，是很少使波拿巴感到不安的。他不僅阻止了總長們宣佈辭職藉以表示承認行政權力應服從議會，他現在已能把他早在國民議會休會期間就開始作起來的事情，即軍權離議會分立的事情完成了：他把尚加爾涅免職了。

薬里塞方面的一家報紙，發表了一個在五月間似乎是向第一師團頒發、因而是出自尚加爾涅的命令，其中勸告軍官們說：在叛亂發生時，不應寬容自己隊伍中的叛徒，要立刻將他們槍斃，並且不應聽從國民議會要求派遣軍隊。一八五一年一月三日，內閣爲此受到質問。爲了調查這一事件，內閣起初要求限期三個月，繼則一星期，最後已只要二十四小時了。國民議會則要求立即予以解釋。尚加爾涅站起來聲明說：這種命令從未下過。他並且補充說：他隨時都願意執行國民議會的要求；遇有衝突發生時，國民議會可以信賴他。國民議會以經久不息的掌聲歡迎了他的聲明，並對他投了信任票。國會既委身於一個將軍的私人保護之下，也就放棄了自己的權力，宣告了自己的無力與軍隊的萬能；但是這位將軍弄錯了，因爲他居然想把他從波拿巴那裏暫時領用的權力交付給國民議會用來反對同一個波拿巴，並且盼望從這個國會方面，從他自己的這個需要保護的主顧方面獲得保護。可是，尚加爾涅相信資產階級自一八四九年一月二十九日以來就賦予了他的那種神秘力量。他以爲自己是與其他兩個國家權力鼎立的第三個權力。他所遭到的命運，也與當代其餘的英雄或——正確些說——當代的仙人們所遭到的命運一樣，這些人物的偉大處就在於他們的黨派故意偏頗地抬舉了他們，但到局勢要他們樹立奇蹟時，他們却就顯出是平庸之輩了。一般說來，不相信神力的觀點是這些假英雄和眞仙人的生死敵人。由此他們就往往對那些冷酷無情的諷刺者和譏笑者表示高尚道義的憤懣。

當晚，總長們被召請到葉里塞宮去。波拿巴堅持要罷免尙加爾涅，五個總長拒絕署名。導報宣佈內閣危機，而秩序黨的報紙則以組織由尙加爾涅率領的國會軍隊相威脅。秩序黨根據憲法是有權這樣作的。它只要把尙加爾涅選爲國民議會議長，並調來任何數量軍隊來保護其安全就夠了。特別是因爲尙加爾涅還實際統率着軍隊和巴黎國民衛軍，並且正等待被召率領所部軍隊來援救國民議會，所以秩序黨是更可以放心這樣作的。波拿巴派的報紙甚至還沒有出面表示否認國民議會有權直接調動軍隊——像這種關於確遵法律權限問題的議論在當前局勢下是不會獲得什麼成效的。至於當時軍隊將會聽從國民議會調遣，那是很可置信的，因爲要知道波拿巴化了一星期時間，才在巴黎找到兩位將軍卽巴拉蓋德伊里耶和聖冉德安熱利願意在罷免尙加爾涅的命令上署名哩。然而秩序黨本身是否能在自己隊伍中和國會裏找到通過這種決定所必需的票數，却就很可懷疑了，因爲要知道，過了一星期後，就有二百八十六個議員脫離了秩序黨，而且山岳黨甚至在一八五一年十二月，卽在最後的決定性的時刻，還否決了這類提議哩。不過，城主們這時也許還能發動他們黨內大多數羣衆去建立英雄功績，卽藏身於槍林之後，並利用投到它的陣營中來的軍隊幫助的。可是，城主老爺們並沒有這樣作，却於一月六日晚上跑到葉里塞宮去，希望用外交的手段和論據勸住波拿巴放棄罷免尙加爾涅的決定。須知，勸誰就是認誰作主呵。波拿巴旣因城主們企圖這樣作而增加了勇氣，就於一月十二日任命了新內閣，其中有舊內閣的首領富里德和巴洛士兩人留任。聖冉德安熱利當了陸軍總長。導報刊載了罷免尙加爾涅的命令，他的職權劃分給受任指揮第一師團的巴拉蓋德伊里耶和受任指揮國民衛軍的培羅了。社會砥柱被免職了，這一事實雖然並沒有使一塊瓦片從屋頂上落下來，但是却使得交易所的股票牌價上漲起來了。

秩序黨既然推開了由尙加爾涅作代表來表示願意聽受它指揮的軍隊，因而把這個軍隊永不復返地讓給了總統，於是它就表明資產階級已經喪失了統治的能力。國會內閣已經不存在了。秩序黨現在既已喪失了控制軍隊和國民衛軍的權力，那它還剩下有什麼力量來同時保持國會統治民衆的篡奪權力和國會抗拒總統侵犯的憲制權力呢？什麼力量都沒有了。它現在只好求助於一些無力的原則，這些原則是它自己看作責成第三者遵守的一般規則，而使自己能更加從容行動的。我們所研究的時期，卽秩序黨與行政權鬥爭的時期的第一部分，就以尙加爾涅被免職和軍權落入波拿巴掌握而告結束。現在，兩個權力間的戰爭已經正式宣佈並且已在公然進行，不過是在秩序黨既失去武器又失去兵士後罷了。國民議會已沒有內閣、沒有軍隊、沒有民衆、沒有社會輿論支持，從五月三十一日通過選舉法起就不再是有主權民族的代表者，沒有眼睛、沒有耳朶、沒有牙齒、一無所有而逐漸變成了一個舊法蘭西國會，讓政府去行動，自己則滿足於 post festum [1] 發出嘮叨的抗議。

秩序黨以狂怒迎接新的內閣。貝多將軍提醒說，常駐委員會在議會休會期間態度溫馴，並因過份客氣而竟拒絕把自己的議事記錄公佈出來。這時內務總長自己表示要求公佈這些記錄，因爲這些記錄在這時當然已是死水一樣沒有任何味道，暴露不出任何新的事實，並且對於厭倦的民衆不會引起任何印象了。根據列穆札的建議，國民議會退到自己的辦公廳去，任命了一個『非常措施委員會』。巴黎不越出自己平常生活的常軌一步，尤其因爲在這時貿易繁榮，工業企業照常工作，糧價低廉，食品儲備豐富，儲蓄銀行每天都收到新存款。國會所喧嚷昭告的所謂『非常措施』，不過是在一月

---

[1] 意卽『事後』。——編者註。

十八日通過了對內閣的不信任案罷了，而關於尙加爾涅將軍則連提都沒有提到。秩序黨不得不這樣來規定自己的不信任案，是爲了使自己保證取得共和黨人的票數，因爲共和黨人在內閣一切措施中只贊成尙加爾涅免職一項，而秩序黨實際上也不能非難其餘的措施，因爲這些措施是由它自己指使內閣採取的。

一月十八日的不信任案是以四百一十五票對二百八十六票被通過，也就是說，只是由於有極端派的合法王朝黨人和奧爾良黨人實行與純粹共和黨人和山岳黨人聯合才得以通過。由此就可看出：秩序黨不只失去了內閣和軍隊，而且在自己與波拿巴的衝突中失去了自己獨立的國會的多數；有一部分議員，由於熱狂地傾向妥協，由於懼怕鬥爭，由於疲勞倦怠，由於自己對親切的國家薪俸的親切依戀，由於指望獲得閒空了的閣員位置（如巴洛），由於那種經常使平凡資產者爲某種個人動機而犧牲自己階級一般利益的庸俗的利己主義，已經逃開了秩序黨的陣營。波拿巴派的議員們，從最初起，就只是在對革命進行鬥爭時才與秩序黨一起行事。天主教黨的首領蒙塔蘭貝爾在那時已經把他個人的勢力投到了波拿巴的秤盤上，因爲他已不相信國會黨的生命力了。最後，該黨的首領們，奧爾良派的梯也爾和合法王朝派的貝爾耶，不得不公開宣佈說自己是共和黨人，不得不承認他們雖然就心坎來說是些君主黨人，但就頭頂來說却是些共和黨人，承認國會制共和國是整個資產階級實行統治的唯一可能的形式。總之，他們不得不當着資產階級面前把他們在國會背後繼續努力從事的復辟計謀咒罵爲危險而無謂的陰謀。

一月十八日的不信任案是對內閣的打擊，而不是對總統的打擊。可是，罷免尙加爾涅的並不是內閣，而是總統。秩序黨豈不是應當向波拿巴本人問罪而以他心懷復辟慾望作爲罪名嗎？可是，這些復辟慾望只不過是補充了秩序黨自己的復辟慾望罷了。以他在閱兵和『十二月十日會』中的陰謀活動作爲罪名嗎？可是，秩序黨老早已把這些問題埋葬在一堆日常議程事項下面了。以他罷免了一月二十九日與六月十三日的主人公，即罷免了曾於一八五〇年五月威脅說在遇有叛亂發生時就要四處放火燒光巴黎的那個人作為罪名嗎？可是，秩序黨在山岳黨中的同盟者以及卡芬雅克甚至沒有讓秩序黨對倒台的『社會砥柱』正式表示同情來予以支持哩。秩序黨自己不能否認總統擁有由憲法賦予他的那種罷免將軍的權力。秩序黨之所以氣憤，只是因為總統居然把自己由憲法賦予的權力用作了反對國會的手段。可是，秩序黨自己豈不是也不斷地，特別是在廢除普選權時把它的國會特權用作了違反憲法的手段嗎？因此，秩序黨只好嚴格遵守國會範圍來行動。自一八四八年以來，在全歐洲大陸上流行着一種特殊病症，即國會迷，染有這種病症的人就變成幻想世界的俘虜，失去一切理智，失去一切記憶，失去一切對於外界世俗事物的理解——只有這種國會迷才可以說明，為什麼秩序黨在它已親手消滅了國會勢力的一切條件並在它反對其他階級的鬥爭中不得不消滅了這些條件之後，仍然把它的國會勝利看作勝利，以為打擊了總統的內閣閣員也就是打擊了總統本人。這樣，秩序黨只是給了總統一種機會，使他能在全國面前重新凌辱國民議會罷了。一月二十日，導報發出報導，說內閣全體辭職已被照准。波拿巴以國會裏已沒有一個黨派佔有多數，——這點已由一月十八日的投票，即由山岳黨和保皇黨聯合產生的果實所證明，——而新的多數又尚待形成作為藉口，就任命了一個所謂過渡的內閣，其中沒有一個人是國會議員，全數都是些毫不知名和微不足道的人物，——這是個純粹由一些聽差和司書組成的內閣。秩序黨現在可以浪費自己的精力去跟這班傀儡打交道了；而行政權力則不再認為自己在國民議會中要有什麼認眞的發言人了。波拿巴的內閣閣員越是成為單純的啞配角，波拿巴就越是公然地把全部行政權力集中於自己一人身上，就越加容易地利用行政權力來追求自己的目的。

為圖報復起見，秩序黨與山岳黨聯合一起否決了給予總統以一百八十萬法郎補助金的提案，這個提案是由『十二月十日會』的頭子命令其聽差閣員們提出來的。這一次，問題是由不過一百零二票的多數投票決定，——可見，秩序黨自一月十八日以來又喪失了二十七票：它的解體又進了一步。同時，爲着使人不致對它與山岳黨進行聯合的用意發生絲毫疑義起見，它甚至不願對於一百八十九名山岳黨人所署名提出的關於大赦政治犯的議案進行討論。只要那個姓什麼瓦伊斯的內務總長出來聲明說安寧只是表面的安寧，說有人在加緊進行秘密鼓動，說到處都有人組織秘密團體，說民主報紙又準備重新出現，說從各州傳來不利的消息，說日內瓦的亡命者主持着通過里昂遍及法國南部全境的陰謀活動，說法國處於工商業危機的前夜，說魯貝市的廠主們縮短了工作時間，說培來爾島[1]的囚犯暴動起來了——只要瓦伊斯這麼一個人一喚來赤色怪影，秩序黨不經討論就立刻否決了這個提案，而這個提案一經通過時就一定會使國民議會獲得極大的人望，並使波拿巴不免要重新投入它的懷抱了。秩序黨本不應爲行政權力所描繪的發生新風潮的遠景所嚇住，而應當讓階級鬥爭有些活動餘地，這樣來使自己能把行政權力控制在服從於它的地位。可是，秩序黨並沒有感覺到自己有能力担負這種玩火的任務。

可是，所謂過渡的內閣，却一直繼續苟延到四月中旬。波拿巴不絕地以糾合新內閣的把戲來疲勞和愚弄國民議會。他時而表示想要組織一個有拉馬丁和比約參加的共和黨內閣，時而表示想要組織不免要有巴洛參加的（此人是在需要有個易於愚弄的蠢才時就一定要出現的）國會內閣；時而又表示想要組織一個有瓦蒂門尼爾和貝努阿德阿吉參加的合法王朝派內閣，時而又表示想要組織一個有馬爾維里參加的奧爾良派內閣。波拿巴既以這種方法挑撥秩序黨各派互相攻訐，並以將有共和黨內閣出現以及因此必然會使普選制恢復的遠景來恫嚇整個秩序黨，同時他又竭力教資產階級相信，彷彿

[1] 培來爾島位於法國西部濱海區近旁，是用以囚禁那些在一八四八年後被判處徒刑的革命者們的地方。——編者註。

他眞心想要組織國會內閣的努力總是由於碰到保皇黨派的毫不調和態度才遭受失敗。　資產階級呢，却又因眼看迫近起來的普遍商業危機越是給社會主義在城市中招募信徒，低落得招致破產的糧食價格越是給社會主義在農村中招募信徒，它就越加喊得響亮地要求一個『強有力的政府』，越加認爲使法國陷於『沒有行政』的狀態是不可寬恕的。商業蕭條日益加強了，失業者日益增多了，在巴黎至少有一萬工人沒有麵包吃，在盧昂、慕爾豪森、里昂、魯貝、圖科恩、聖亞田、埃爾柏夫等地，無數工廠停了工。在這種情況之下，波拿巴就敢於在四月十一日恢復了一月十八日的內閣，除了把盧艾爾、富里德、巴洛士及其他先生保留不動而外，還添進了福舍先生，這個福舍先生是曾因散發僞造情報而被立憲議會在其最後幾次會議的一次會議上一致（除了五個兼任的議員外）對他投了不信任票的。這樣，國民議會在一月十八日取得對內閣的勝利，並在三個月內與波拿巴進行鬥爭，原來不過是爲了在四月十一日讓富里德和巴洛士能夠把淸教徒福舍當作第三名角色接受到自己的內閣同盟中去罷了。

在一八四九年十一月，波拿巴滿足於非國會的內閣，在一八五一年一月他滿足於超國會的內閣，而在四月十一日，他覺得已有充分的力量來組織一個反國會的內閣了，這一內閣是把兩個議會——立憲議會與立法議會，亦即共和派議會與保皇派議會——所表示的不信任都協調地結合在自己身上了的。內閣的這種演變，是表示國會生命體溫下降的一個溫度表。這種體溫，到四月末已降得如此之低，以致柏星伊能夠在私人談話中建議尙加爾涅投到總統方面去。他向尙加爾涅肯定說：波拿巴認爲國民議會的勢力已經澈底消滅，並且已經擬定了預備在政變後發表的宣言，這個政變是已經過深思熟慮，只是偶然才展延下來了的。尙加爾涅把這個死刑的判決告訴了秩序黨的首領們，但誰會相信臭虫咬人能致人於死命呢？國會雖已虛弱無力、完全瓦解、瀕於死亡了，然而它還總是不能使自己把與『十二月十日會』小丑樣的頭子的決鬥，看作一種不同於與臭虫的決鬥的事情。但波拿巴如像阿蓋西雷回答國王亞奇斯那樣回答了秩序黨：

『你把我看作螞蟻，但總有一天我會成爲獅子的』。

（六）

秩序黨在徒然企圖保持軍權和奪回已經喪失的對於行政權力的領導權時，不得不去跟山岳黨和純粹共和黨人進行聯合，——這就毫無疑義地證明秩序黨已失去獨立的國會多數。簡單的日曆力量，時鐘的指針，在五月二十八日發出了秩序黨澈底瓦解的信號。在五月二十八日那天，國民議會生命的最後一個年頭開始了。國民議會現在不得不解決一個問題：保存憲法原封不動呢，還是把它加以修改呢？ 但是，修改憲法就不祇是說要在資產階級統治和小資產階級民主派統治之間，在民主主義和無產階級無政府狀態之間，在國會制共和國和波拿巴之間選擇一個，而且是說要在奧爾良王朝和波滂王朝之間選擇一個！ 這樣，在國會本身中間就發生了一個爭端，使秩序黨內利益分歧的各個敵對派別間不免展開了公開的鬥爭。秩序黨是各種不同社會成分的結合體。修改憲法的問題造成了一種政治的熱度，因而就使這個結合體重又分解成了它原來的各個構成部分。

波拿巴派關心修改憲法的態度，可以很簡單地加以說明。他們首先想廢除那禁止再度選出波拿巴和延長其權力期限的第四十五條。共和黨人的立場，也可以同樣簡單地加以說明。他們無條件地反對任何修改，認爲修改憲法是一種反對共和國的普遍陰謀。既然他們在國民議會中擁有四分之一以上的票數，而依照憲法又必須要有四分之三票數贊成才可合法決定修改憲法和召集相當會議，所以他們只要計算一下自己的票數，就可相信自己必獲勝利了。而他們當時確實是相信自己必獲勝利的哩。

與這些明顯的立場相反，秩序黨陷入了無法解決的矛盾中。如果它拒絕修改憲法，它就會使現存制度受到威脅，因爲這樣它就會使波拿巴只有出於使用暴力之一途，並且會使法國在一八五二年五月第二個星期日這個決定時刻聽命於革命的無政府狀態，因爲那時總統是已經喪失了權力的總統，國會是早已沒有權力了的國會，人民則是希圖重新爭得權力的人民。如果它依照憲法來投票表決修改憲法，它又知道表決是枉然的，因爲按照憲法規定，它的這種表決一定會被共和黨人的否決權所推翻。如果它違背憲法而宣佈說只要有簡單多數通過就已足夠，它就只有在自己完全服從行政權力的條件下才可希望戰勝革命；這樣它就會把憲法、憲法修改事宜以及它本身一併交歸波拿巴來主宰了。爲延長總統權力而作局部的修改，就會開闢波拿巴帝制主義篡奪的道路。爲縮短共和國壽命而作全面的修改，又必然會引起各個王朝要求間的衝突，因爲波滂王朝復辟的條件與奧爾良王朝復辟的條件不只是各不相同，而且是互不相容的。

國會制共和國已不僅是法國資產階級中的兩派——合法王朝派與奧爾良派，亦即大地產與工業——能夠藉以同等並肩進行統治的一種中立地盤。它並且是他們共同進行統治的必要條件，是其共同階級利益既使資產階級各派的要求，又使一切其他階級都受其支配的唯一國家形式。他們作爲保皇派又重新陷進了他們舊有的對抗狀態，陷進了地產與金錢互相爭奪操縱權的鬥爭，而這種對抗狀態的最高表現，這種對抗狀態的化身，就是他們各自的國王，他們各自的王朝。正因爲如此，所以秩序黨總是反對波滂皇族返國。

作爲一個奧爾良黨人和人民代表的克勒通，曾在一八四九年、一八五〇年和一八五一年間，週期地提議取消放逐皇族的法令。國會也同樣經常地扮演了保皇派集會頑強表示反對其被逐國王返國的場面。理查第三在殺死亨利第六以前曾對他說，他對於這個塵世過於善良了，他的位置是在天上。保皇派認爲法國是過於惡劣了，不能把被放逐的國王歸返給它。情勢迫使他們成爲共和黨人並屢次批准把他們的國王逐出法國境外的人民決定。

修改憲法，——而這個問題由情勢所迫又非付諸討論不可，——就會不只使共和國受到危險，並且使資產階級兩派的共同統治受到危險；不只會帶來恢復君主國的可能性，並且會復活曾在君主國中輪流佔着特權地位的那些利益間的競爭，復活資產階級兩派間爭奪霸權的鬥爭。秩序黨的外交家們希望以兩個王朝的融合（Verschmelzung），卽以各個保皇黨派及其各個王室的所謂『合併』（fusion）來調解這一鬥爭。復辟王朝與七月王朝的眞正合併便是國會制共和國，在這一共和國中，奧爾良派與合法王朝派雙方的色彩都脫落了，各種形態的資產者都消溶於一般資產者中，消溶於資產階級這個類屬中了。現在卻有人想把奧爾良黨人變成合法王朝黨人，把合法王朝黨人變成奧爾良黨人。體現着他們互相對抗狀態的君主國，應該成爲他們彼此統一的體現；表現着他們互相排斥的派別利益的東西，應該成爲表現着他們共同階級利益的東西；君主國應該執行只有那把兩個君主國都廢除了的共和國才能執行和已經執行過的事情。這就是秩序黨的術士們絞盡腦汁所要發現的點金石。彷彿合法王朝派的君主國可能在什麼時候變成工業資產者的君主國，或是資產階級的君主國可能在什麼時候變成世襲土地貴族的君主國似的。彷彿地產與工業能夠在一個王冠下面和平共居似的，實則這個王冠只能是落到一個人頭上，落到長兄頭上或是落到幼弟頭上哩。彷彿在地產還沒有決心自動變成工業財產以前，工業一般是能夠與地產和解似的。如果亨利第五明天逝世，巴黎伯爵除非不再作奧爾良派的國王，是畢竟不會變成爲合法王朝派的國王的。但是，幹合併把戲的術士們卻隨着憲法修改問題被提到首要地位而喊得愈益響亮起來，把國民議會報變成自己官方的機關日報，並且甚至此刻（一八五二年二月）還在努力於這種活動——這些幹合併把戲的術士認爲全部困難都不過是由於兩個王朝派表示抵抗和互相爭風的結果。於是，這種想把

19—1966

奥爾良王室與亨利第五調解起來的企圖，卽自路易—菲力普逝世時起就已開始，但一向都如一切其他王朝陰謀一樣只是在國民議會休會期間、在會議休息時，在後台進行過的，並且與其說是鄭重從事，不如說是傷感地對舊日迷信賣弄風情的這種企圖，現在就變成了一種隆重的表演，變成了秩序黨已不是像先前那樣把它當票友戲演出，而是在正式公共舞台上演出的戲劇了。信使不斷從巴黎奔到威尼斯，再從威尼斯奔到克勒爾蒙特，又從克勒爾蒙特奔回巴黎。尙波爾伯爵發表了一個宣言，在這宣言中，他『靠他全家人的幫助』宣佈了『國民的』，而不是他自己的復辟。奥爾良黨人薩里宛第跪倒在亨利第五足下。合法王朝黨人的首領貝爾耶、貝努阿德阿吉和聖普利斯特等跑到克勒爾蒙特那裏去勸說奥爾良王室，但是徒勞無功。主張合併者在太遲的時候才認識到，資產階級兩派的利益雖然是在家族利益卽兩個王室利益的形態中尖銳化，但它們是並不會因此而變得少帶排斥性，也不會因此而變得多帶讓步性的。假定亨利第五承認巴黎伯爵爲其繼承人，——這是主張合併者在最好的場合所能希冀的唯一成就，——那末，奥爾良王室除了因亨利第五沒有後嗣而總是保證可能獲得的東西外，再也不會得到別的什麽東西，可是它却會因此而喪失七月革命所帶給它的一切權利；奥爾良王室就會不免要放棄自己舊日的要求，放棄自己在差不多一百年的鬥爭中從波湧宗族長系手裏奪得的一切權利，就會要爲了宗族的特權而放棄自己的歷史的特權，卽放棄建立現代君主國的特權。所以，合併無非是表示奥爾良王室自願退讓，聽受合法王朝派支配、懺悔式地脫離政治新教而歸化於政治天主教，——這種歸化可能給予奥爾良王室的甚至不是它所失去的王位，不過是它原先在王位旁誕生出來的那層梯級。舊日的奥爾良派的內閣閣員，卽基佐，杜沙特里等人，也趕快跑到克勒爾蒙特那裏去堅持合併事業，實際上他們只是表現了七月革命後的宿醉情緒，表現了對於資產階級君主國與資產者君主國的失望感覺，表現了迷信崇拜合法王朝作爲擺脫無政府狀態的最後護符。他們自命爲奧爾良王室與波湧王室之間的調停者，事實上他們只不過是奧爾良派方面的變節分子，而莊微爾親王就是把他們當作這種人接待了的。然而，奧爾良派富有生命力、雄糾糾的那部分人，即梯也爾、巴茲等人，却因此而更容易使路易—菲力普家族確信到，既然任何直接恢復君主制都要以兩個王朝的合併爲前提，而任何這樣的合併又都要以奧爾良王室放棄自己的權利爲前提，那末完全相當於他們家族傳統的事情便是暫且承認共和國，等到事變允許把總統位子變爲王位時再說了。起初他們散佈了關於莊微爾要當共和國總統候選人的謠言，公衆的好奇心被激發起來了，而過了幾個月之後，即九月間憲法修改案已被否決後，這個候選人就被公開宣佈了。

這樣一來，保皇派要奧爾良派與合法王朝派互相合併的企圖，就不僅是遭到了失敗，而且還破壞了他們的國會合併狀態，破壞了把他們聯合起來的共和國形式，因而把秩序黨分解成原來的各個構成部分了。但克勒爾蒙特與威尼斯之間的疏隔越大，它們之間的關係越是近於決裂，利於莊微爾的煽動越是加緊，波拿巴的內閣閣員福舍與合法王朝派之間的談判，也就越加熱烈、越加認眞了。

秩序黨的解體並不止於分解成爲它的各個基本構成部分。這兩個大集團中每一個集團，又都繼續分解下去。看來，好像先前在兩大營壘（不論是合法王朝派或奧爾良派）內部曾經互相鬥爭過的一切舊有色彩，如同乾纖毛虫碰到了水一樣，又都重新復活起來了。看來，他們又重新獲得了充分的生命力，使得他們能夠形成具有各自對立利益的各個派別了。合法王朝派在夢想他們又回到了以前推勒里宮與馬爾松閣[1]間爭執，威列里與波林雅克間爭執的時代。奧爾良派又追想起了基佐、摩列、布洛利、梯也爾與巴洛之間比武的黃金時代。

[1] 這是指在復辟王朝時期，國王路易十八（其宮邸是推勒里宮）與其弟德阿多亞伯爵即後來的查理第十（他當時住在推勒里宮中的馬爾松閣）之間的衝突。——編者註。

19*

秩序黨中有一部分人贊成修改憲法，可是他們對於憲法修改範圍的意見並不一致，在這一部分人中，有一方面由貝爾耶與法盧所領導而另方面由拉洛士札克連所領導的合法王朝黨人，有摩列、布洛利、蒙塔蘭貝爾和巴洛所領導的那些在鬥爭中疲倦了的奧爾良黨人，——秩序黨中的這一部分人與波拿巴派方面的代表商定提出了如下一個不明確的和廣泛的建議：『下列署名的議員建議將憲法加以修改，目的在於把完全實現國民主權的可能性奉還國民』。可是，同時他們又通過自己的報告人托克維里的口唇一致聲稱：國民議會無權提議廢除**共和國**，這個權力僅能屬於憲法修改會議。此外——他們聲稱——憲法只能在『**合法的**』**基礎上**，就是說，只有在依照憲法規定有四分之三的多數票贊成修改時才能修改。在經過了六天的激烈討論之後，六月十九日，憲法修改案果然被否決了。投票贊成修改的有四百四十六票，反對修改的有二百七十八票。極端的奧爾良黨人梯也爾、尚加爾涅等人是與共和黨人及山岳黨人一致投票表決的。

這樣，國會多數表示要反對憲法，而這憲法本身却表示要擁護國會少數，擁護必須執行國會少數決議的原則。可是，秩序黨無論在一八五〇年五月三十一日或一八四九年六月十三日，豈不是都曾把國會多數放在高於憲法的地位上嗎？ 它的全部以往的政策，豈不是都依憲法條文服從於國會多數決定爲基礎的嗎？ 它豈不是曾讓民主派以迷信舊約的態度去對待法律的字眼，並因爲這種迷信而處罰了民主派嗎？ 可是，在目前，修改憲法，無非是說要延長總統權力， 而保存憲法則無非是說要罷免波拿巴。國會表示要擁護波拿巴，憲法則表示要反對國會。所以，當波拿巴撕毀憲法時，他是依照國會精神來行動的，而當他解散國會時，他是依照憲法精神來行動的。

國會已宣佈說憲法，亦即宣佈說國會本身的統治是處在『多數之外』；國會以自己的決議廢除了憲法，延長了總統的權力，同時它也就是宣佈說，當它本身還繼續存在時，憲法就不能死亡，總統權力也不能生存。那些將要埋葬它的人們已站在門前了。當國會正在忙於討論修改憲法的問題時，波拿巴已把表現得不堅決的巴拉蓋德伊里耶將軍撤消了第一師團指揮官的職位，而任命了他所提拔的一個手下曼楊將軍繼任該職，這曼楊將軍是里昂的勝利者，十二月事變的英雄，還在路易—菲力普統治時代就由於布倫遠征事件，多多少少因擁護波拿巴主義而喪失了聲譽的。

秩序黨以其關於修改憲法的決定，已表明它自己既不能統治，又不能服從；既不能生，又不能死；既不能保存共和國，又不能推翻共和國；既不能捍衛憲法，又不能廢除憲法；既不能與總統合作，又不能與總統決裂。它究竟是期待誰來解決一切矛盾呢？ 是期待日曆，期待事變的進程。 它不再硬說它有控制事變的權力了。這樣，它就是使自己去聽受事變支配，即聽受這樣一種力量支配，對於這種力量，它在反對人民的鬥爭中已節節讓出了各種權力，直至它自己在這種力量面前變成毫無權力為止。 而為着使得行政權力的首領能夠更順利地定出對付它的戰鬥計劃、加強自己的攻擊手段、選定自己的工具和鞏固自己的陣地起見，秩序黨就在這個緊急關頭決定退出舞台，使議會從八月十日至十一月四日休會三個月。

除了國會政黨分解為原來的兩大集團而外，除了其中每個集團又各自再行分裂而外，國會內的秩序黨也與國會外的秩序黨分離了。資產階級的演說家和作家，資產階級的講壇和報刊，總而言之，資產階級的思想家和資產階級自己，代表者和被代表者，都互相疏遠了，都不再互相諒解了。

外省方面的那些眼界狹小和熱情無限的合法王朝黨人，責備他們的國會頭袖貝爾耶和法盧投奔波拿巴陣營而叛變了亨利第五。他們那一副慣於崇拜波滂百合花的頭腦是只相信有造孽行為，不相信有什麼外交手腕的。

商業資產階級與它的政治家間的分裂，更是帶有致命的性質，更是具有決定的意義。合法王朝黨人責備自己的政治家背棄了原則，而商業資產階級却恰巧相反，責備自己的政治家忠實於已經變得無用的原則。

前面我已經指出過，自富里德加入內閣以來，那一部分在路易—菲力普統治時代握有絕大部分政權的商業資產階級，即金融貴族，已經變成波拿巴派的了。富里德不僅在交易所中維護了波拿巴的利益，而且還在波拿巴面前維護了交易所的利益。關於金融貴族的態度，最好是從他們的歐洲機關刊物即倫敦經濟學家雜誌中引出一段話來說明。這個雜誌在一八五一年二月一日那一期上發表了如下的巴黎通訊：『現在各方面都有人聲明說法國首先要求安寧。總統在其致立法議會的咨文中聲明了這點；國民講台上也有人響應了這點；報紙上再三重複說到這點；教堂的教壇上也宣揚着這點；國家證券對於甚至最小的危害安寧的事件的敏感，它們在行政權力每得勝利時的穩定，也都證明這點』。

經濟學家雜誌在一八五一年十一月二十九日那一期上以自己的名義宣稱：『在歐洲所有的證券交易所中，總統現在已被公認爲秩序的保衛者』。由此可見，金融貴族把秩序黨對行政權力進行的議會鬥爭是當作破壞秩序來指斥，而把總統每次對它的那些看來是自家代表們的勝利是當作秩序的勝利來祝賀的。這裏所說的金融貴族，應當了解爲不只是那些巨大的國債經紀人和國家證券投機者，他們的利益是由於不說自明的原因而與國家權力的利益相吻合的。全部現代金融業，全部現代銀行業，都是與國家信貸極爲密切地連繫在一起的。有一部分銀行資本必然要投入容易變成現款的國家有價證券。銀行存款，即交給銀行並由銀行分配於商人和工業家之間的資本，有一部分是從國家債權人所獲紅利中得來的。既然在一切時代，國家政權的穩定是整個金融市場及其一般法師們奉爲神聖的，那末，現在當任何新起的洪水都有把舊的國家連同舊的國債一併從地面上冲去的危險時，又怎能不是如此呢？

熱狂般渴望秩序的工業資產階級，也因國會內的秩序黨跟行政權力發生爭吵而感覺煩惱。梯也爾、安格拉、聖畢夫等人，在一月十八日因尙加爾涅免職事件進行投票之後，受到了自己那些選舉人——而且正是工業區域的選舉人——公開的譴責，特別是把他們跟山岳黨成立聯盟的行爲指斥爲叛變秩序事業。如果說，像我們所已看到的，秩序黨對總統進行的那種不過是些虛張聲勢的戲弄與瑣屑無聊的攻訐的所謂鬥爭，是不配受到較好一點的待遇的話，那末，另一方面，這部分資產階級要求自己的代表們甘心情願把軍力從自己的國會手中奉送給冒險的王位覬覦者去掌握的行爲，却就連那些爲其利益而採用過的攻訐手段也是值不得的了。這部分資產階級表明：爲了他們的社會利益，爲了他們本身的階級利益，爲了他們的政治權力而進行的鬥爭，是有礙於他們的私人勾當的，因而只是使他們感到難受、感到煩惱的。

當波拿巴巡遊各地時，各外省城市中的資產階級大亨、各處地方自治局的委員、各處商業法庭的人員等等，幾乎毫無例外，到處都以極卑屈的態度迎接他，甚至在他無情地攻擊了國民議會、特別是攻擊了秩序黨的第戎城裏，也是如此。

當商業情況尙屬良好的時候——一八五一年初還是這樣——商業資產階級狂暴地攻擊了任何國會鬥爭，因爲它担心這種鬥爭可能使商業吃虧。當商業情況不好的時候，——這從一八五一年二月末以後已成爲經常現象了，——商業資產階級就抱怨說國會鬥爭是商業停滯的原因，並要求爲保證商業活躍而停止這個鬥爭。關於修改憲法的討論，就恰好是發生在這個商業情況不好的時期。既然當時問題是關於現存國家制度的生死存亡的問題，所以資產階級尤其認爲自己有權要求它的代表們停止這種痛苦的過渡狀態，同時又保持現狀。這裏面沒有任何矛盾。它所瞭解的停止過渡狀態，正是延長過渡狀態，卽將最後的解決拖延到遙遠的將來。保持現狀，只能有兩種方法：或者延長波拿巴的權力；或者是使波拿巴依照憲法退職，選出卡芬雅克來繼任總統。一部分資產階級傾向於後一種解決方法，可是他們除了叫他們的代表對迫切的問題保持沉默以外，就提不出什麼更好的忠告。他們以爲如果他們的代表不出來講話，波拿巴就不會出來行動。他們希望有一個爲了使人不能看見而把頭藏起來的駝鳥似的國會。另一部分資產階級希望讓已經坐在總統位子上的波拿巴留任總統，好使一切照舊不變。他們感到憤慨的，是他們的國會不願意公開地違背憲法和率直地放棄權力。

在國民議會休會期間，從八月二十五日起，召開了各州議會卽大資產階級地方代表機關的會議，幾乎到處一致表示贊成修改憲法，卽表示反對國會，擁護波拿巴。

資產階級對於它那些文字上的代表人物和自己的報紙所表現的憤怒態度，比之它跟國會代表人物們的破裂，來得更爲明顯。凡有資產階級新聞記者稍微抨擊波拿巴的篡奪慾時，凡有報刊企圖保護資產階級政治權利免受行政權力侵害時，資產階級法庭就判處以金額巨大異常的罰款和期限長得可恥的監禁，這種情况不僅使法國，而且使整個歐洲都爲之驚愕。

前面我已指出，國會內的秩序黨以叫囂需要安寧而自陷於無所作爲的地位，它在反對其他社會階級的鬥爭中親手取消了自己統治制度卽國會制度所賴以維持的一切條件，並且宣佈資產階級的政治統治與資產階級的安全及生存不能相容，而國會外的資產階級大衆，却以對總統表示卑屈逢迎，以詆譭國會，以虐待自己的報刊激起波拿巴來壓迫和消滅資產階級中講話的和寫文章的分子，來壓迫和消滅資產階級的政治家和著作家，來壓迫和消滅資產階級的講壇和報紙，——所有這一切，都是爲了要使它自己能夠在不受限制的強硬政府保護下安心幹自己的私人業務。它毫不含糊地聲明說，它渴望擺脫自己的政治統治地位，以便擺脫所有與這種統治地位相連的麻煩和危險。

這個國會外的資產階級，甚至對於爲它自己階級統治而進行的單純國會鬥爭和文壇鬥爭，也會表示憤慨，並且出賣了這一鬥爭的領袖人物，但它現在却敢於事後責備無產階級沒有去爲它這個資產階級進行流血鬥爭，進行殊死鬥爭！這個資產階級時刻都爲最狹小最卑鄙的私人利益而犧牲了自己的全階級即政治利益，並且要求了它那些政治代表人物也作同樣犧牲，但它現在却叫囂說無產階級爲着自己的物質利益而犧牲了它這個資產階級的理想的政治利益。它裝得好像是個善人君子，沒有被那由社會主義者導入歧途的無產階級所瞭解，並且在危急時刻被這個無產階級所遺棄了。而它的這種叫囂却在整個資產階級世界中都受到了響應。自然，我在這裏並不是指的德國那些小型政客與淺學之輩。我所指的是經濟學家雜誌之類，這個雜誌在一八五一年十一月二十九日，即在政變前四日還宣稱波拿巴是『秩序衛士』，梯也爾和貝爾耶一流人是『無政府主義者』，而在一八五一年十二月二十七日，即在波拿巴平息了這般『無政府主義者』之後，它却已在大叫大喊，說什麼『不學無術的、魯鈍的、沒有教育的無產階級大衆背叛了中等和上等社會階層的才能、知識、紀律、精神影響、智力源泉和道德威望』了。其實，顯得魯鈍、不學無術和下流的一羣，正是資產階級本身哩。

的確，法國在一八五一年是遭受了一個小小的商業危機。在二月末，輸出貿易比一八五〇年減少了一些；在三月，商業低落了，工廠已在相繼倒閉；在四月，各工業州區的情況顯得好像是像二月事變後一樣惡劣；在五月，業務情況還沒有好轉；在六月二十八日那天，法蘭西銀行還是以庫藏存款數量大增和貼現數量大減而表明了生產方面的停滯；直到十月中旬，業務情況才逐漸好轉起來。法國資產階級妄以爲這種商業停滯是由於純粹的政治原因，是由於國會與行政權力間的鬥爭，是由於臨時管理形式的不穩定，是由於一八五二年五月第二個星期日的可怖的遠景。我並不否認，所有這些情況都對巴黎和外省某些工業部門的衰落發生過影響。但是，無論如何，這種政治局勢的影響，只是地方性的和很微小的。對於這點的最好的證明，就是商業開始好轉正是在十月中旬，卽恰好是在政治局勢惡化，政治的地平線上籠罩着烏雲，每一分鐘都可能從葉里塞宮打來霹靂的時候。雖然法國資產者所具有的『才能、知識、洞察力以及智力源泉』越不出他自己的鼻尖，但他在倫敦工業展覽會整個會期內總能用自己的鼻子觸到自己商業情況不利的原因吧。當法國工廠相繼倒閉的時候，在英國却爆發了商業破產。如果說法國在四五兩月達到頂點的是工業恐慌，那末英國在四五月間達到頂點的則是商業恐慌。羊毛生產，絲織業，無論是在法國或英國都受到了損害。雖然英國的棉織工廠還在繼續生產，但它們所獲得的利潤已不像一八四九年和一八五〇年那樣大了。不同處只在於法國發生的是工業危機，而英國發生的則是商業危機；法國是工廠相繼倒閉，而英國則是生產擴大，不過是在不如前幾年那樣順利的條件下擴大罷了；法國受苦最深的是輸出，而英國受苦最深的則是輸入。其共同的原因，——當然不應在法國政治地平線範圍內去尋找這個原因——却是顯而易見的。一八四九年和一八五〇年，是物質繁榮與生產過剩程度最高的年度，這種生產過剩的結果直到一八五一年間才顯露出來。在這年年初，生產過剩因工業展覽會卽將舉行而特別加厲了。除此以外，還要注意到如下一些特殊情況：起初是一八五〇年和一八五一年的棉花歉收，然後是人們確信棉花的收獲會超過先前的預料，起初是高漲，然後是突然低降，——簡言之，就是棉價漲跌不定。生絲產量至少在法國是低於中等產量。最後是毛織業自一八四八年以來有飛速的發展，使得羊毛生產供應不上，因而就使羊毛價格與毛織品價格相比是騰貴得太高了。這樣，在上述三個世界性工業部門所需的原料方面，就包含有引起商業停滯的三重原因。而且除了這些特殊情況以外，一八五一年的表面的危機，無非是生產過剩和過度投機在每一次工業循環週期中作出的一種暫時的停頓，接着就會緊張起所有的力量來瘋狂地跑過工業循環的最後階段，重新回到自己的出發點上去，即回到普遍的商業危機上去。在商業史上的這種間隙時期中，在英國發生了商業的破產，法國則是工業本身陷於停頓，——部分地是由於當時法國工業已經不住英國方面的競爭而被排出所有的市場，部分地是由於法國工業作爲生產奢侈品的工業，對商業方面的任何停滯情況都特別敏感。這樣，法國除了受着普遍危機的影響之外，還遭受着自己特有的國內的商業危機，但這種商業危機受世界市場一般情況所決定和制約的程度，是比它受法國地方情況所決定和制約的程度更大得多的。這裏不妨把英國資產者的評斷意見拿來與法國資產者的偏見對比一下。利物浦的一家巨大的商行在其一八五一年度的商業總結報告中寫道：『很少有哪一年比過去這一年更加辜負了起初對它所寄託的希望。這一年不但沒有產生出大家一致預期的大繁榮，反而成了二十五年以來一個最令人沮喪的年頭。這點自然只是涉及到商業階級，而不是涉及到工業階級。可是，在這年年初，無疑是有過足夠的根據使我們預期會有相反的情形：因爲商品貯藏很少，資本充足，食品價格低廉，完全有希望獲得豐收；在歐洲大陸有不受任何破壞的和平，在本國又沒有任何政治上或財政上的困難，——的確，看來商業是定能空前地突飛猛進的了…那末，不幸的結果究應歸因於什麼呢？我們以爲應歸因於輸入品與輸出品的貿易額過分龐大。 如果我們的商人自己不把自己的活動納於較爲狹小的範圍，那末，除了三年一度的恐慌以外，什麼東西也不會使我們能保持均衡的。』

現在我們試設想一下法國資產者處於這種商業恐慌中的情形，他那患着商業狂熱病的頭腦每天都受着如下種種情況的折磨、攪擾和震聾耳鼓，如關於政變及恢復普選權的種種謠傳，國會與行政權力間的鬥爭，奧爾良派與合法王朝派的攻訐，法國南部各處共產主義的密謀活動，內維爾州和舍爾州臆想中的農民起義，各個總統候選人的吹噓宣傳，報紙上大肆宣揚的口號，共和派要以武力來保護憲法和普選權的威嚇，流亡國外的英雄們預告一八五二年五月第二個星期日將是世界末日的文告，——我們設想到這一切，就可理解到，爲什麼資產階級在這種合併、修改、延期、憲法、秘密活動、聯合、亡命、篡奪和革命等難以形容的震耳欲聾的囂雜聲中弄得喘不過氣來的時候，就瘋狂地向自己的國會制共和國喊道：『與其是沒有終結的恐怖，還不如是恐怖的終結！』

波拿巴理解了這種喊聲。由於債權人急躁難耐情緒的增長，他的理解力愈益變得敏銳了，這些債權人覺得，在每天太陽一落而使總統任期的最後一日即一八五二年五月第二個星期日愈益接近的時刻，天上星辰的運動就表示反對他們那些地上期票有兌現的效力。債權人變成了眞正的占星家了。國民議會已使波拿巴喪失了靠憲法來延長其權力的希望；莊徽爾親王之被提爲候選人已不容許繼續猶豫動搖了。

如果說有過一個事變在它尙未到來時就早已預先投射過自己的影子，那這就是波拿巴的政變了。波拿巴早在一八四九年一月二十九日，即在他當選剛過一個月的時候，就已向尙加爾涅提出過舉行政變的建議。關於政變的政策，他自己的內閣總理巴洛在一八四九年夏曾經以隱蔽的方式談到過，梯也爾在一八五〇年冬更是完全公開地談到過。一八五一年五月，柏星伊曾經再度企圖取得尙加爾涅對於政變的贊助，而議會通報則公佈了他們的談判。每逢國會發生風波時，波拿巴派的報紙就以政變相恫嚇；而危機越是接近，它們的聲調便越是放肆。在波拿巴每夜與時髦的男女騙子舉行的狂宴上，一到午夜，當豪飲使他們暢談起來並激起他們的幻想時，政變總是指定於明晨舉行。拔出劍來，酒杯

[1] 議會通報（«Messager de l'Assemblée»）是反波拿巴派的日報，於一八五一年在巴黎出版。——編者註。

相碰，人民代表被拋出窗外，皇袍加在波拿巴身上，而一到翌晨，怪影便又消失，吃驚的巴黎才從直率的女尼們和不愼重的武士們的口裏知道它又安然度過了一次危險。在九、十兩月間，政變的謠傳一刻也沒停息過。影子已如彩色銀板像片一樣蒙上了各種色彩了。只要翻一翻九、十兩月間的歐洲報紙，就可以看到內容恰如下述的消息：『巴黎遍處流行着政變的風傳。聽說，首都今天夜間就要被軍隊佔領，而明天早晨就會有解散國民議會、宣佈塞納州戒嚴、恢復普選權、訴諸人民公意的法令出現。聽說，波拿巴正在尋找相當的內閣閣員來執行這些非法法令。』這種消息總是不免要以『延期』一語作結。政變始終是波拿巴的固定不移的觀念。他是抱着這個觀念重回法國的。他是如此沉溺於這個觀念，以致經常地把它洩漏、流露出來。他是如此軟弱，以致同樣經常地放棄自己的計劃。巴黎人民已是這樣熟悉了未來政變的影子，以致最後當這政變的本貌已經出現時，巴黎人民還不願相信它。可見，政變之所以成功，並不是由於『十二月十日會』的頭子嚴守了秘密，國民議會遭到了猝不及防的襲擊。這個政變是不管波拿巴怎樣隨便洩漏祕密，以及國民議會完全知悉內情，而終使波拿巴獲得成功了的，因爲這是由先前的事變進程中必然和不免要產生的結果。

十月十日，波拿巴向內閣閣員們宣佈說他決定要恢復普選權；十月十六日，內閣閣員提出辭職；十月二十六日，巴黎知道了托里尼內閣組成的消息。同時，警察局長卡爾里葉已由莫帕所代替，而第一師師長曼楊已把最可靠的團隊調到了首都。十一月四日，國民議會宣佈復會。國民議會除了要把它已學過的課程按簡單扼要的提綱複習一遍並確認它是在死後才被埋葬之外，是別無他事可作了。

國民議會在與行政權力進行鬥爭中所喪失的第一個陣地，就是內閣。國民議會不得不以完全承認純係虛構的托里尼內閣而莊皇地承認說自己已遭到了這個損失。當吉羅以新內閣名義向常駐委員會講話時，常駐委員會曾報之以嘲笑。要這麼一個軟弱的內閣來進行像恢復普選權那麼一個強硬的措施！可是，當時全部問題都正是要一點事情也不經過國會去作，一切事情都違反國會來作哩。

國民議會在它開幕的那天就接到了波拿巴的咨文，在咨文中，他要求恢復普選權和廢止一八五〇年五月三十一日的法律。同日，他的內閣閣員們就向國民議會提出了這種內容的法令草案。國民議會立即否決了內閣閣員們關於必須立即頒佈這個法令的提議，而在十一月十三日它就以三百五十五票對三百四十八票否決了這個法律本身。這樣，議會就再度撕毀了自己的委任狀，又一次證實它已從自由選出的人民代表機構變成了一個階級篡奪權力的國會，再度承認它自己割斷了連結國會頭部與國民軀幹的肌肉。

如果說行政權力建議恢復普選權是表示想從國民議會方面去向人民呼籲，那末立法權力由國會總務官提出法案就是表示想從人民方面去向軍隊呼籲了。國民議會是想以通過這個法案來確立自己直接調用軍隊的權力，確立自己創建國會軍的權力。國民議會既然這樣指定軍隊來充當自己與人民之間、自己與波拿巴之間的仲裁者，既然認定軍隊是國家的決定性力量，於是它同時也就不免要證實說它早已放棄了自己對於軍隊的支配權力了。既然它不是立刻調用軍隊而是把自己調用軍隊的權利弄成了討論的題目，於是它就暴露了自己對於自己力量的懷疑。既然它否決了國會總務官提出的法案，於是它就公開承認了自己的軟弱無力。這個法案因只得到一百零八票的少數擁護而遭受了失敗：山岳黨決定了它的命運。當時山岳黨所處的地位就像步利丹驢子一樣，不同處只在於它不是要在誘惑力量大小不一的兩抱乾草中選擇一抱乾草，而是要在疼痛程度大小不一的兩頓棒打中選擇一頓捧打。一方面害怕尚加爾涅，另一方面害怕波拿巴：老實說，這種地位決不是英雄好漢的地位。

十一月十八日，有人對於由秩序黨本身提出的市議會選舉法提出了一個修正案，其內容是說市議會選舉人在選舉區內居住的期限不一定要滿三年，而是只滿一年就夠了。這個修正案被相差只有一票的多數否决了，但這一票也立刻就發現是計算錯了的結果。秩序黨由於分裂成各個敵對的派別，早就喪失了自己獨立的國會多數。這時已顯示出，在國會內已經是根本沒有什麽多數可言了。國民議會已喪失了通過決定的能力。它的各個構成部分已經沒有任何聯結的力量使其相互結合在一起了，它已經斷了氣，它已經變成了一具死屍了。

最後，在大災禍發生以前幾天內，國會外的資產階級羣衆又一次堂皇證實了自己已與國會內的資產階級决裂的事實。梯也爾作爲一個國會英雄人物，是特別嚴重地患有國會迷的不治之症的，他在國會死去後，還協同樞密院想出了一個新花樣的國會陰謀把戲——即制定責任法，其目的是要把總統約束在憲法範圍內。波拿巴於九月十五日在巴黎新建頂蓋市場舉行奠基典禮時，簡直像馬薩尼羅那樣有力地把一般愛跑市場的太太和女漁商們弄得心醉神怡（誠然，一個女漁商按實際力量是等於十七位城主的），也如在國會總務官提出法案之後，他曾使他在葉里塞宮設宴招待的那些尉官們喜出望外一樣，——這時，十一月二十五日，他又把聚會在馬戲場來從他手中領取倫敦工業展覽會獎章的工業資產階級誘住了。 現在我從辯論報上把他的演說中最典型的一段話引錄如下：『這樣出乎意料的成績，就使我有權重複說，如果法蘭西共和國有可能關心於自己的實際利益和改組自己的機構，而不是接連不斷地忍受一方面由煽惑人心者，另方面由君主主義的幻想所惹起騷擾事件的損害，那末法蘭西共和國該會是多麽偉大呵。（看廳裏到處響起暴風雨般經久不息的掌聲。）君主主義的幻想妨礙着任何進步和一切重要工業部門。結果就是沒有進步，只有鬥爭。我們看到，從前熱烈擁護國王權力和國王特權的人們，現在如何在『康文特』精神下行動，只求削弱從普選權中產生的權力。（雷動的經久不息的掌聲。）我們看到，從前最吃革命苦頭和最怨恨革命的人們，現在却在煽動新的革命，而這一切都只是爲了要束縛國民意志。… 我保證你們將來能享受安寧幸福…等等，等等。（好！好！暴風雨般的叫好聲）』——工業資產階級就這樣卑屈地鼓掌歡迎了十二月二日的政變，歡迎了國會的滅亡，歡迎了自己統治地位的毀滅和波拿巴的獨裁。十二月四日轟隆的炮擊聲報答了十一月二十五日轟隆的鼓掌聲，而鼓掌鼓得最起勁轟響的薩蘭德路茲先生的住房就是被最多的砲彈轟破了的。

克倫威爾在解散『長期國會』時獨自一人進入了會場，從口袋裏拿出錶來，爲的是不要讓國會比他所指定的期限多存在一分鐘，接着就以愉快的幽默嘲笑聲把每一個國會議員趕出會場。拿破崙雖是比他的這個原型要小一點，但他畢竟在霧月十八日跑到立法議會去對它——固然是以斷續不安的嗓子——宣讀了它的死刑判決書。波拿巴第二，加以他所擁有的行政權又是無論與克倫威爾或與拿破崙都完全不同的，所以他就不是在世界史冊中，而是在『十二月十日會』史冊中，在刑事法庭史冊中去爲自己尋找範例。他從『法蘭西銀行』竊取了二千五百萬法郎，以一百萬法郎收買了曼楊將軍，以每人十五法郎——另加白酒——收買了兵士，像夜間的竊賊一樣暗中去跟自己的同謀者們相會，令其闖入那些最危險的國會首領的住宅裏去，把卡芬雅克、拉摩里塞爾、列弗洛、尚加爾涅、沙拉斯、梯也爾、巴茲等人從睡床上拖下來押進監獄去，用軍隊佔領巴黎重要地點和國會場所，並於次日清晨在首都各處張貼告示，宣告說國民議會和樞密院已被解散，說普選權已經恢復，說塞納州已宣佈戒嚴。稍後，他就在導報上登出了一個僞造文件，說什麽在他周圍已聚集有許多國會權威人士而組成了一個非常的樞密院。

國會的殘餘分子，主要是合法王朝黨人和奧爾良黨人，集合在第十區市政廳內開會，在再三高呼『共和國萬歲！』的口號聲下通過決議要罷免波拿巴，徒然向站立在市政廳門前張望的人羣呼籲，直到最後讓人家把他們在非洲射擊兵護送下押解到多爾塞兵營，然後又從那裏裝進囚車送進馬薩、哈姆和文森等地的監獄爲止。秩序黨、立法議會和二月革命的結局就是如此。

在未作結論之前，我們且把二月革命的歷史作個簡括的概述。

（一）第一個時期：從一八四八年二月二十四日起，到五月四日止。二月時期。序幕。普遍聯歡喜劇。

（二）第二個時期：共和國成立與立憲國民議會時期。

(甲)從一八四八年五月四日起，到六月二十五日止。一切階級對無產階級進行鬥爭。無產階級在六月事變中遭受失敗。

(乙)從一八四八年六月二十五日起，到十二月十日止。純粹資產階級共和黨人專政。起草憲法。宣佈巴黎戒嚴。資產階級專政因十二月十日波拿巴當選爲總統而被廢除。

(丙)從一八四八年十二月二十日起，到一八四九年五月二十八日止。立憲議會對波拿巴以及與波拿巴聯合起來的秩序黨進行鬥爭。立憲議會陷於滅亡。共和派資產階級遭受失敗。

（三）第三個時期：憲制共和國與國民立法議會時期。

(甲)從一八四九年五月二十八日起，到同年六月十三日止。小資產階級對資產階級及波拿巴進行鬥爭。 小資產階級民主派遭受失敗。

(乙)從一八四九年六月十三日起，到一八五〇年五月三十一日止。秩序黨實行國會專政。秩序黨以廢止普選權而完成自己的統治，但失去國會內閣。

(丙)從一八五〇年五月三十一日起，到一八五一年十二月二日止。國會資產階級與波拿巴互相鬥爭。

1) 從一八五〇年五月三十一日起，到一八五一年一月十二日止。國會失去軍隊總指揮權。

2) 從一八五一年一月十二日起，到四月十一日止。國會企圖重新支配行政權力未果。秩序黨失去獨立國會多數。秩序黨與共和派及山岳黨聯合。

3) 從一八五一年四月十一日起，到十月九日止。企圖修改憲法，企圖達到兩個王朝派合併，企圖延長總統權力。秩序黨分解爲各個構成部分。資產階級國會及資產階級報刊與資產階級大衆最後決裂。

20—1966

4) 從一八五一年十月九日起，到十二月二日止。國會和行政權力公開決裂。國會處於垂死狀態，它因被自己階級、軍隊以及其餘各階級所拋棄而覆亡。國會制度和資產階級的統治權力陷於覆滅。波拿巴獲得勝利。帝制復辟滑稽劇。

（七）

社會共和國在二月革命開端的時候是作爲一個詞句，作爲一個預言出現的。在一八四八年六月事變時，它已被窒死於巴黎無產階級的血泊中了，但它作爲一種怪影却常在戲劇的下幾幕中顯露出來。民主共和國登上了舞台。它在一八四九年六月十三日就和它那逃奔四散的小資產者一同消失了，但它在逃走時却隨身散佈了極端吹噓的廣告。國會制共和國同資產階級一起佔據了全部舞台，盡量擴展着表演的場面，但一八五一年十二月二日事件在聯合的保皇黨人們驚慌叫喊『共和國萬歲！』的口號聲下把它埋葬了。

法國資產階級反對了勞動無產階級的統治，——結果是把政權送給了以『十二月十日會』的頭子爲首的流氓無產階級。資產階級沒有讓法國從它那種害怕必將由赤色無政府狀態引起未來災禍的恐怖中蘇醒過來，而波拿巴十二月四日命令他用白酒激勵起來的秩序軍隊對蒙馬特爾路和意大利路上站在自己窗前眺望的顯貴資產者射擊的時候，就把這未來災禍兌現了。資產階級曾把馬刀奉爲物神，——結果是馬刀君臨到它頭上來了。　資產階級消滅了革命的報刊——結果是它自己的報刊被消滅了。它曾迫使人民的集會去受警察監視——結果是它自己的沙龍遭到了警察監視。它解散了民主派的國民衛軍——結果是它自己的國民衛軍被解散了。它實行了戒嚴——結果是戒嚴實行起來對付它了。它用軍法委員會代替了陪審法庭——結果是它自己的陪審法庭被軍法委員會所代替了。它曾迫使國民學校去受牧師支配——結果是牧師支配起它自己的學校來了。它不經審判流放了囚犯——結果是它自己不經審判就被流放起來了。它以國家權力鎮壓了社會方面的任何運動——結果是國家權力鎮壓起它自己社會方面的任何運動來了。它因熱愛自己的錢袋而反叛過自己的政治家和作家——結果是它的政治家和作家被革除了，而且它的錢袋也在它的口被人封住和它的筆被人折斷後遭受掠奪了。資產階級曾不倦地如像聖亞爾森尼對基督教徒那樣向革命叫喊說：『Fuge, tace, quiesce! ——快點跑，快止住嘴，安靜下去吧！』波拿巴也向資產階級叫喊道：『Fuge, tace, quiesce! ——快點跑，快止住嘴，安靜下去吧！』

法國資產階級早已把拿破崙『不知歐洲在五十年後將是共和制的歐洲還是哥薩克式的歐洲』這個難題解決了。它是以『哥薩克式的共和國』解決了這個難題的。不必有瑟西的魔法就把資產階級共和國這個傑作變成畸形的怪物了。這個共和國除了體面之外，什麼也沒有喪失。今天的法國，是在國會制共和國中就具有了現成形態的。只要刺刀一刺，水泡就破滅了，怪物就出現在眼前了。

爲什麼巴黎無產階級在十二月二日事件後沒有舉行起義呢？

當時資產階級的傾覆還只見之於法令，而法令還沒有被執行。無產階級的任何重大的起義，都立刻就會重新使資產階級活躍起來，會使它與軍隊調協起來，並爲工人造成第二個六月失敗的。

十二月四日，資產者和小店主唆使無產階級起來戰鬥。當天晚上，國民衛軍的幾個聯隊就答應拿着武器和穿着軍裝到戰場上來。問題在於資產者和小店主已經知道，波拿巴在十二月二日的一個命令中廢除了秘密投票，而命令他們在官方選舉名冊上把『贊成』或『反對』字樣寫在他們的名字旁邊。十二月四日的抵抗，使波拿巴受到了驚慌。夜間就由他下令在巴黎各處張貼了廣告，宣佈恢復秘密投票。資產者和小店主認爲自己的目的已經達到了。次日早晨留在家裏的，正是小店主和資產者。

20*

十二月一日夜間，波拿巴以突然的襲擊使巴黎無產階級失掉了牠的領袖，失掉了牠的街壘鬥爭指揮者。無產階級既然成了沒有指揮官的軍隊，既然在一八四八年六月事變、一八四九年六月事變和一八五〇年五月事變後絲毫不願在山岳黨旗幟下作戰，所以牠就聽憑自己的先鋒隊即秘密團體去挽救巴黎起義的名譽，這種名譽已被資產階級如此恭順地交給了兵卒們去蹂躪，以致波拿巴後來能夠用一個挖苦人的理由來解除國民衛軍的武裝，說他是恐怕無政府主義者濫用牠的武器來反對牠自己哩！

『這是社會主義所獲得的完全和澈底的勝利！』——基佐曾這樣評論十二月二日的政變。但是，如果說國會制共和國傾覆的事實在萌芽狀態中包含有無產階級革命的勝利，那末這一事實的直接的具體結果却就是波拿巴對於國會的勝利，行政權力對於立法權力的勝利，不用詞句掩飾的力量對於詞句力量的勝利了。在國會中，國民將自己的普遍意志提升成爲法律，即將統治階級的法律提升成爲國民的普遍意志。在行政權力的面前，國民根本放棄了自己的意志，而服從於他人意志的指揮，服從於權威。與立法權力相反，行政權力所表現的是國民受人統治而不是國民自治。這樣，法國逃脫整個階級的專制，好像只是爲了服從於一個人的專制，並且是服從於一個沒有任何權威的個人的權威。鬥爭的結局，好像是一切階級都同樣軟弱無力和同樣沉默地跪倒於槍柄之前了。

然而革命是澈底的。牠還在經歷着苦難的考驗。牠在有條不紊地執行着自己的事情。在一八五一年十二月二日以前，牠已經完成了牠的頭一半預備工作，現時牠正在完成另一半預備工作。牠先使國會權力臻於完備，爲的是要有可能推翻這個權力。現在，當牠已達到這一步時，牠就來使行政權力臻於完備，使之表現爲最純粹的形式，使之孤立，使之成爲與牠自己對立的唯一對象，以便集中自己的一切破壞力量來反對這個行政權力。而當革命完成自己這後一半準備工作的時候，歐洲就會站起來歡呼說：老田鼠，你掘得好呀！

這個行政權力有龐大的官僚機構和軍事機構，有很複雜和人造的國家機器，有五十萬人的官吏隊伍另加上五十萬人的軍隊，——這個儼如密網一般纏住法國社會全身並阻塞其一切毛孔的可怕的寄生機體，是在專制君主國時代，在封建制度崩潰時期產生的，同時這個寄生機體又加速了封建制度的崩潰。土地所有者的和城市的領主特權，轉化成爲國家權力的同樣衆多的職能；封建的顯貴人物，轉化成爲領取薪俸的官吏；像一大堆貨樣那般雜亂的、互相錯綜的中世紀領主權力的圖譜，則轉化成爲確切規定了的國家權力的圖案，這裏盛行着如像在一個工廠裏那樣的分工和集中。第一次法國革命旣已抱定任務要破壞一切地方的、區域的、城市的和各省的特殊權力以造成全國公民的統一，也就不免要把專制君主國所已開始的事情——中央集權更加發展起來，但它同時也就擴大了政府權力的容量、職能和行政人數。拿破崙完成了這個國家機器。合法王朝與七月王朝並沒有增添什麼新的東西，不過是擴大了分工，這種分工是因資產階級社會內部的分工愈益造成新的利益集團，亦卽造成國家管理的新對象，而愈益擴大起來的。每一種**共同的**（gemeinsame）利益——從某一鄉村公社中的橋樑、校舍和公共財產以至法國鐵路、國有財產和國立大學——都立卽脫離社會而作爲一個最高的**普遍的**（allgemeines）利益來與社會相對立，都從社會成員的自動範圍中劃分出來成爲政府活動的對象。最後，國會制的共和國在其反對革命的鬥爭中，除採用高壓手段而外，竟不得不加強政府權力的工具和集中化。迄今一切政變都只是使這個機器更加完備起來，而不是把它毀壞。那些爭奪統治權而相繼更替的政黨，都把這個龐大國家建築物的奪得，視爲自己勝利時的主要勝利品。

但在專制君主國時代，在第一次革命時期，在拿破崙統治時期，官僚不過是準備資產階級階級統治的手段。在復辟王朝時期，在路易—菲力普統治時期，在國會制共和國時期，官僚雖力求達到個人專制，但它終究是統治階級的工具。

只在第二個波拿巴統治時期，國家才似乎成了完全獨立的東西。國家機器已是如此地鞏固了自己對於公民社會的地位，以致它現在竟能以『十二月十日會』的頭子，即以一個從外國來的、被吃醉酒的兵士絕口稱讚的江湖騙子來做首腦，而這些兵士又是他以白酒和臘腸所收買的，並且他還要繼續不斷地重新以臘腸來討取他們的歡心。由此便產生了怯懦的絕望，難以表述的屈辱情感，這種屈辱壓住法國的胸膛，不讓它自由呼吸。法國感覺自己似乎是被凌辱了。

雖然如此，國家權力並不是懸在空中的。波拿巴是代表着一個階級，而且是代表着法國社會中人數最多的階級，即代表着小農的。

正如波滂家族曾是大地產的王朝，奧爾良家族曾是金錢的王朝一樣，波拿巴家族乃是農民的王朝，即法國人民羣衆的王朝。被農民選中的不是服從過資產階級國會的那個波拿巴，而是驅散了資產階級國會的那個波拿巴。城市在三年以內做到了曲解十二月十日選舉的意義和辜負農民對於恢復帝國的希望。一八四八年十二月十日的選舉，只是在一八五一年十二月二日的政變中才得到了眞實的表現。

小農（Parzellenbauern）是個廣大的羣衆，其成員生活在相同的條件下，但是彼此並不發生繁雜的關係。他們的生產方式，不是使他們互相交往，而是使他們互相隔離。這種隔離由於法國交通不便以及農民的貧困，而更形加強起來。他們進行生產的地盤，即小塊土地，不容許在耕作時採用任何分工，應用任何科學，因而也就沒有任何不同的發展，沒有任何不同的才能，沒有任何豐富的社會關係。每一單個農戶，差不多都是自給自足的，都是直接生產着自己消費品中的大部分，因而多半是在與自然交換中，而不是在與社會交往中取得自己藉以維持生活的資料的。一小塊土地、一個農民和一個家庭；旁邊是另一小塊土地，另一個農民和另一個家庭。一羣這樣的單位就形成一個村子；一羣這樣的村子就形成一個州區。這樣，法國國民的廣大羣衆，是由一些同名數簡單相加而成的，好像一袋馬鈴薯是由袋中一個個馬鈴薯所集成的那樣。既然數百萬家庭是生活在使他們的生活方式、利益和教育程度，與其他階級的生活方式、利益和教育程度相異並且相敵對的經濟條件中，所以他們就組成爲一個階級。既然各個小農彼此間只存在有地方的聯系；既然他們利益的同一性並不使他們彼此間形成任何一種共同關係，形成任何一種全國性的聯系，形成任何一種政治組織，所以他們就不組成爲一個階級。因此，他們不論是通過國會也好，或是通過『康文特』也好，都不能以自己的名義來保護自己的階級利益。他們不能代表自己，一定要有別人來代表他們。他們的代表一定要同時是他們的主宰，是高高站在他們上面的權威，其表現就是不受限制的政府權力，這種權力保護他們不受其他階級侵犯，並從上面賜給他們以雨水和陽光。所以，歸根到底，小農的政治影響是表現於行政權力支配着社會。

歷史的傳統在法國農民中間造成了一種迷信心理，以爲一個名叫拿破崙的人必將返還他們一切失去的福利。於是就出現了一個冒充爲這個人的人，而他冒充爲這個人，不過是因爲他——根據拿破崙法典中有一條說是『不許尋究父方』，——取名爲拿破崙罷了。經過了二十年流浪生活和許多荒唐冒險行徑之後，預言終於實現了，這個人成了法國人的皇帝了。姪兒的固定觀念實現了，因爲它是與法國社會中人數最多的階級的固定觀念相吻合的。

但是，講到這裏，也許有人會反駁我說：難道法國大半地區裏不是發生過農民起義嗎，軍隊不是圍攻過農民嗎，農民不是大批被捕過，大批被流放過嗎？

自路易十四時代以來，法國還沒看到過農民『因受蠱惑性的播弄』而遭到這樣的迫害哩。

但是，我要請瞭解我的意思。波拿巴王朝所代表的不是革命的農民，而是保守的農民；不是力求擺脫由小塊土地所決定的社會生存條件的農民，而是想鞏固這些條件和這種小塊土地的農民；不是力求聯合城市並以自己的精力去推翻舊制度的農村居民，而是愚頑地拘守這個舊制度、期待帝國的怪影來拯救他們及其小塊土地並賜給他們以特權地位的農村居民。波拿巴王朝所代表的不是農民的開明，而是農民的迷信；不是農民的理性，而是農民的成見；不是農民的未來，而是農民的過去；不是農民的現代的西溫尼，而是農民的現代的凡台[1]。

國會制共和國三年的嚴酷統治，使一部分法國農民擺脫了對於拿破崙的幻想，並使他們——雖然還只是表面上——革命化了；可是，每當他們發動起來時，資產階級就用暴力把他們打回去。在國會制共和國之下，法國農民的思想意識中發生了新思想與傳統的鬥爭；這一鬥爭是在鄉村教師反對教士的不斷鬥爭形式下進行的，——結果總是資產階級鎮壓了教師。農民曾第一次力圖對於政府的行動採取獨立的態度；這表現於自治局長與行政官間不斷發生衝突上——結果總是資產階級罷免了自治局長。最後，法國各地農民在國會制共和國時期曾起義反對他們自己的產物，即反對軍隊，——結果總是資產階級用宣佈戒嚴和嚴刑手段懲罰了他們。同是這個資產階級現在却公然叫囂說什麼羣衆生性愚鈍，說這些『可惡的羣氓』生性愚鈍，彷彿這些羣衆是把它出賣給波拿巴了。它自己曾以暴力加強過農民階級信奉帝國的心理，它曾熱心地支持過構成這

[1] 在西溫尼——法國的山區——於十八世紀初發生過新教徒農民（所謂『卡密薩』）大規模的起義，其口號是『打倒租稅』，『信仰自由』。起義者奪取了封建城堡。他們躲在山上，從事游擊隊的活動，一連進行了差不多三年的鬥爭。凡台是法國的一個地區，是十八世紀末法國資產階級革命時期反革命的發源地。反革命勢力在反對革命法國的鬥爭中，利用了深受天主教僧侶影響的落後的凡台農民。——編者註。

種農民宗教所由以發展的基地的實際情况。誠然，資產階級當民衆還是保守的時候，是不免要害怕民衆愚鈍的，而在民衆一旦變得革命的時候，却又要害怕民衆覺悟了。

在政變以後所發生的各次起義中，一部分法國農民拿起武器抗議了他們自己在一八四八年十二月十日的投票表决。他們自一八四八年以來所得到的經驗教訓，使他們學得聰明了。但他們已把自己的心靈賣給了歷史的魔鬼，歷史就迫使他們履行諾言，而農民的大多數那時還是如此不覺悟，以致恰恰是在那些最赤色的各州區中，農村居民竟公然投票擁護了波拿巴。按照他們的意見，國民議會妨礙了波拿巴的活動。波拿巴只不過是現在才打破了都市對於農村意志所加的桎梏。有些地方，農民甚至荒唐地幻想在波拿巴身旁建立一個『康文特』。

在第一次革命把半農奴式的農民變成了自由的土地所有者之後，拿破崙鞏固和調整了保證農民能夠自由無阻地利用他們剛得到的法國土地，並滿足其少壯的私有慾的條件。可是法國農民現在貧困的原因，正是他的小塊土地，地產的分散，被拿破崙在法國所固定起來的所有制形式。這也正是使法國封建農民成爲自由農民，成爲小塊土地所有主，而使拿破崙成爲皇帝的物質條件。只經過了兩代，就足以招致這樣不可避免的結果：農業日益惡化與農夫負債日益增加。『拿破崙的』所有制形式，在十九世紀初期原是保證法國農村居民解放和富裕的條件，在這個世紀期間却已變成使他們受奴役和貧窮化的規律了。而這個規律正是第二個波拿巴所不得不維護的『拿破崙觀念』中的第一個觀念。如果他是和農民一樣還抱着一個幻想，以爲農民破產的原因，不應在這種小塊土地的所有制中去探求，而應在這種土地所有制之外，即在次要情況的影響中去探求，那末，他的實驗就一定會在生產關係上碰得像肥皂泡一樣破裂了。

小塊土地所有制的經濟發展根本改變了農民對社會其他階級的

關係。在拿破崙統治時代，農村地產的零星分散狀態配合了城市中的自由競爭與正在興起的大工業。農民階級是對剛被推翻的土地貴族的普遍抗議。小塊土地所有制在法國土地上所生的根，剝奪了封建制度的一切營養物。小塊土地的界線，曾是資產階級用以反對其舊日統治者一切攻擊的自然堡壘。但在十九世紀內，封建領主已由城市高利貸者代替了；土地上的封建義務已由抵押制代替了；貴族的地產已由資產階級的資本代替了。農民的小塊土地，現在只是一個使資本家從土地上搾取利潤、利息和地租，而讓土地耕作者自己隨便怎樣去掙得自己工資的藉口。法國土地所負担的抵押債務，每年從法國農民身上取得的利息，等於英國全部公債每年債息的總額。被資本如此奴役的小塊土地所有制，——而它的發展不可避免地要招致這樣的奴役，——使法國大半國民變成了原始人。一千六百萬農民（包括婦女和兒童）居住在洞穴中，大部分的洞穴只有一個小窗，另一部分有兩個小窗，最好的也只有三個小窗。而住屋需要有窗戶，是正如頭腦需要有五官一樣的。資產階級制度在本世紀初是曾責成國家守衛過新產生的小塊土地，並且儘量加以稱揚的，現在却已變成了吸血鬼來吸吮它的心血和腦髓並把它投入資本的煉金器中去了。拿破崙法典現在至多也不過是一個執行法庭判決、查封財產與強制拍賣的法典。在法國，除了官方計算的四百萬（包括兒童等等）乞丐、流氓、犯人和妓女之外，還有五百萬人瀕於死亡，他們或者是居住在本處農村裏，或者是帶着他們的破布亂巾和孩子流離轉徙，從農村遷往城市，又從城市遷往農村。總之，農民的利益，已不是像在拿破崙統治時代那樣與資產階級的利益相協調，與資本相協調，而是與它們不可調和地相對立了。因此，農民就把負有推翻資產階級制度使命的城市無產階級看作是自己的天然的同盟者和領導者。可是，強而有力的和不受限制的政府——這是第二個拿破崙已在着手實現的第二個『拿破崙觀念』，——是應該用強力來保衛這種『物質』制度的。的確，這種『物質制度』正是波拿巴反對造反農民的一切文告中的主要題旨。

除了對資本家的抵押債務以外，小塊土地還肩負着賦稅的重担。 賦稅是官僚、軍隊、教士和宮廷藉以維持生活的源泉，簡言之，就是行政權力整個機構藉以維持生活的源泉。強有力的政府和繁重的賦稅，是相同的概念。小塊土地所有制，按其本性說來，是全能的和無數的官僚藉以立足的適當基地。它造成全國範圍內所有一切關係和個人齊一的水平。因此，它也就使得有可能從一個最高的中心來對同樣的羣衆在一切方面發生同等的作用。它消滅着人民羣衆與國家權力間的貴族中間階梯。所以它也就引起國家權力及其直接機關的各方面的直接干涉。最後，它造成沒有職業的過剩的人口，使他們無論在農村或城市中都找不到容身的地位，因此他們鑽營官職，把官職當做一種榮幸的施捨，結果就引起增設官職員額。拿破崙藉助於他用刺刀開闢的新市場，藉助於對歐洲大陸的掠奪，連本帶利一併償還了他強制徵收的賦稅。拿破崙的賦稅曾是刺激農民副業發展的手段，而現在賦稅却使農民失去最後的資源，失去最後一點抵禦貧困化的能力。至於設置大羣富貴豪華的官僚，那更是最適於第二個波拿巴心情的一種『拿破崙觀念』了。既然波拿巴不得不造成一個與社會諸眞實階級並列的人爲等級，而對這個等級說來，保存他的統治制度又是個飯碗問題，那末，事情又怎能不是這樣呢？正因爲如此，所以他的最初財政設施之一就是把曾經減低過的官吏薪俸提高到原來的數額，並添設了新的冗職。

另一個『拿破崙觀念』，就是以教士的統治作爲政府的工具。可是，如果說剛剛出現的小塊土地由於它與社會相協調，由於它處在依賴自然力的地位並且對保護它的最高權力採取順從態度，因而自然是相信宗教的話，那末，債台高築而與社會及政權脫離並且被迫越出自己局限性範圍的小塊土地，却就自然要變成反宗教的了。

蒼天對於剛才獲得的小塊土地是不壞的附加物，何況它還創造着天氣哩；可是一到有人硬要把蒼天作爲小塊土地的代替品的時候，蒼天就成爲一種欺侮手段了。那時，敎士就成爲地上警察的一種塗了聖油的警犬——這也是一種『拿破崙觀念』。征討羅馬，下一次將在法國內部進行，不過它的意義是與蒙塔蘭貝爾先生所想的意思相反罷了。

最後，『拿破崙觀念』登峯造極的一點，就是軍隊佔壓倒的優勢。軍隊是小農的 point d'honneur[1]，因爲軍隊曾把小農造成英雄，這些英雄保護過自己新得的財產免受外敵侵犯，頌揚過他們剛才獲得的民族統一，掠奪過世界並使之革命化。漂亮的制服曾是他們的大禮服，戰爭曾是他們的詩歌，在想像中延長擴大的小塊土地曾是他們的祖國，而愛國主義是私有觀念的理想形態。可是，現在法國農民保護自己的財產時所要對付的敵人，已不是哥薩克，而是法庭差役和收稅官吏了。小塊土地已不是位置在所謂祖國中，而是存放在土地抵押賬簿上了。軍隊本身已不再是農民青年中的精華，而是農民流氓無產階級的敗草了。軍隊大部分都是些冒充的新兵，都是些替手，正如第二個波拿巴本人不過是一個冒充人物，是拿破崙的替手一樣。現在軍隊是在執行憲兵職務圍捕農民時樹立英雄功績的；所以如果『十二月十日會』頭子的體系中的內在矛盾迫使他到法國境外去用兵，那末軍隊在幹了幾樁強盜勾當後就不是會獲得光榮，而是會受到痛打了。

這樣，我們就看到：一切『拿破崙觀念』都是尙未發展的、少壯蓬勃的小塊土地所懷抱的觀念；而對於已經衰老的小塊土地說來，這些觀念乃是一種荒謬思想，不過是其臨死掙扎時的幻覺，是些變成了空話的詞句，是些變成了怪影的精靈。　但是，爲了使

[1] 意卽『榮幸事物，特別得意的東西』。——編者註。

法蘭西國民大衆解脫傳統方面的束縛，爲了使國家權力與社會間的對立性能以純粹的形態表現出來，演一齣模仿帝國的滑稽劇却是必要的。隨着小塊土地所有制日益加厲的解體，奠立在它上面的國家建築物也就倒場下去。 現代社會所需要的國家中央集權制，只能在與封建制度鬥爭中鍛鍊出來的軍事官僚政府機關的廢墟上建立起來[1]。

十二月二十日和二十一日大選的謎，正是要從法國農民狀況中找到解答，這次大選把第二個波拿巴推上西奈山去不是要他去接受法律，而是要他去頒佈法律。

顯然，資產階級現在除了投票選舉波拿巴之外，是再無別路可擇了。當淸教徒在君士坦士宗教大會上訴述教皇生活淫亂並叫囂必須改革風化時，大主教艾伊向他們叱喝道：『現在只有魔鬼還能拯救天主教會，而你們却要求天使下凡！』法國資產階級在政變發生後也是同樣高嚷道：現在只有『十二月十日會』的頭子還能拯救資產階級社會！只有竊賊還能拯救財產；只有違誓還能拯救宗教；只有私生子還能拯救家庭；只有無秩序還能拯救秩序！

波拿巴作爲一種已經成了獨立力量的行政權力，自命爲負有使命要保障『資產階級秩序』。但這個資產階級秩序的力量是在於中等階級。 所以他就自命爲中等階級的代表人物，並頒佈了相當的法令。 可是，另一方面，他之所以能夠有點作爲，只是因爲他摧毀了並且每天都在重新摧毀着這個中等階級的政治威力。所以他又

---

[1] 在一八五二年的版本中，這一段是以如下幾行在一八六九年版本中已被馬克思刪掉的文字結束的：『打碎國家機器絲毫也不會危及中央集權制。官僚政治不過是中央集權制還受其對立物即封建制度累贅時的低級和粗糙形態。法國農民一旦對拿破崙帝制復辟感到失望時，就會把對於自己小塊土地的信念拋棄；那時奠立在這種小塊土地上面的全部國家建築物，都將會倒場下來，於是無產階級革命就會得到一種合唱，若沒有這種合唱，它在一切農民國度中的獨唱是不免要變成孤鴻哀鳴的。』——編者註。

自命為反對中等階級的政治力量和文筆力量的人物。可是，既然他保護着中等階級的物質力量，因而也就不免要使這個階級的政治威力重新顯現出來。因此必須保護原因並在凡是有結果出現的地方就把結果消滅掉。但是，原因和結果總不免有某些混淆之處，因爲原因和結果在交互作用中是要喪失其特徵的。於是就有抹掉界限的新法令出現。同時，波拿巴自命爲代表農民和一般人民反對資產階級的人物，自命爲想使人民下層階級能在資產階級社會範圍內過幸福生活的人物。於是就有一些預先抄襲『眞正社會主義者』賢明施政方針的新法令出現。但波拿巴首先覺得自己是『十二月十日會』的頭子，是流氓無產階級的代表人物，因爲他本人、他的親信、他的政府和他的軍隊都是屬於這個流氓無產階級的，而這個流氓無產階級首先是關心要自己能過快樂生活，並從國庫中汲取加利福尼亞彩票利益的。於是他就以頒佈法令，不用頒佈法令和違反法令來證實他眞不愧爲『十二月十日會』的頭子。

這個人所負的這種充滿矛盾的使命，就可以說明他的政府各種互相矛盾的行動，他這個政府遲疑地摸索而行，時而設法拉攏這個階級，時而又設法拉攏另一個階級，時而設法侮辱這個階級，時而又設法侮辱另一個階級，結果是使一切階級一致起來與它作對，——他這個政府在實際行動上表現的猶豫態度，適與他從伯父法令上盲目抄襲來的那種政府法令剴切果斷風度形成爲一種絕頂可笑的對照。

工業和商業，卽中等階級的事業，應該在強有力的政府下，像溫室中的花卉一樣繁榮起來。於是就讓出無數的鉄路承租權。但波拿巴派的流氓無產階級是要發財致富的。於是就有預先知悉鉄路租讓秘密的人在交易所中進行投機。但是建築鉄路的資本又沒有。於是就強令銀行以鉄路股票作抵來發放貸欵。但銀行又是應該受波拿巴本人經營獲利的，——因此就得把銀行優待一下。於是就爲銀行免除了發表每週報告的義務，讓它來與政府訂立極佔便宜的契約。人民是應該有工可作的。於是就實行開辦國營工程。但國營工程是增加人民稅負的。因此必須用扣取食利者進款卽改五厘利息爲四厘半利息的辦法來減低稅額。但是對於資產階級吃的苦藥丸上又要加厚些糖衣；因此對於零星買酒喝的民衆就把葡萄酒稅增加一倍，而對於大批買酒喝的中等階級則減低一半。現有的工人團體被解散了，可是政府又保證將來工人聯合定會獲得奇妙成效。 必須幫助農民。 於是就建立了加重農民債負並加速財產集中的土地抵押銀行。 但這些銀行是必須利用來從被沒收的奧爾良王室財產中搾取金錢的。 可是沒有一個資本家同意後面這個在法令中沒有規定的條件，——結果土地抵押銀行也就始終祇是一紙法令等等了。

波拿巴想要扮演一切階級的家長似的恩人。但是，他若不從一個階級取得什麼東西，就不能給與別一個階級什麼東西。正如基茲公爵在弗倫特時代由於曾把自己一切財產變成自己黨徒欠他的債務而被稱爲法國最該受感激的人一樣，波拿巴也想做法國最該受感激的人，把法國所有的財產和所有的勞動都變成欠他自己個人的債務。他想竊取整個法國，以便將它再贈給法國，或確切點說，以便能夠用法國的金錢再來購買法國，因爲他作爲『十二月十日會』的頭子，就不得不購買應歸他所有的東西。 於是所有一切國家機關：參議院、樞密院、立法議會、光榮隊勳章、士兵獎章、洗衣房、國營工程、鉄路、沒有士兵的國民衛軍參謀部以及被沒收的奧爾良王室財產，都成了收買的工具。軍隊和政府機器中的每一個位置，都成了收買的手段。然而在這種先把法國攫取過來，然後把法國交給法國自己的過程中，最重要的事情還是在流通時流到『十二月十日會』的頭子和會員的腰包裏去的利息。德摩爾尼先生的姘頭伯爵夫人L，關於沒收奧爾良王室財產一事說過：『這是鷹的最初飛翔』

(«C'est le premier vol de l'aigle»)[1]這句俏皮話，對於這隻無寧說是烏鴉的鷹的每次飛翔，都可適用。一個意大利加爾特斯派僧尼曾對一個誇耀地計算自己還可以夠用許多年的財產的守財奴說過：『你總是計算着你的財產，但你最好是先計算一下你的年歲吧。』波拿巴及其信徒每天都自己對自己談起這句話。爲了不致算錯年月，他們把每分鐘都計算進去。鑽進朝廷、鑽進內閣、鑽進行政機關和軍隊上層去的是一羣連其中最好的一個也來歷不明的流氓，是一羣喧鬧的、形跡可疑的、貪婪的浪蕩者。 他們穿着金銀花邊的衣服，裝出儼如蘇盧克高官顯宦那樣可笑的尊嚴的樣子。如果我們注意到，維隆—克勒維爾[2]是其道德的守護者，格朗涅德卡山雅克是其思想家，那末，我們對於『十二月十日會』的上層人物就能有個清楚概念了。基佐在自己主持內閣的時候，曾在一個黑暗的報紙上利用這個格拉涅作爲攻擊王朝反對派的工具，並且通常都對他給以如下的好評：«C'est le roi des drôles»，『這是丑角之王』。如果把路易・波拿巴的朝廷及其朋黨拿來跟攝政時代或路易十五統治時代相對照，那是不公平的。須知『法國已不止一次地有過姘頭掌權的政府，但從來還沒有過面首掌權的政府』[3]。

波拿巴既被本身地位的自相矛盾的要求所折磨，並且他作爲一個變戲法者不得不以日新月異的意外花樣吸引觀衆來把他看作拿破崙的替身，換句話說，就是不得不每天舉行小型的政變，於是他就使整個資產階級經濟陷於全盤混亂狀態，侵犯一切在一八四八年革命中看來是不可侵犯的東西，使某些人對革命表示冷淡而使另外一些人奮起進行革命，假名奠定秩序而造成眞正的無政府狀態，同

---

[1] «Vol»一語有兩個意思:『飛翔』和『盜竊』。——(這是馬克思加的附註。)

[2] 巴爾札克在其長篇小說表妹培堤中，把克勒維爾描繪爲最淫亂的巴黎庸人典型，這個克勒維爾是以立憲主義者報館主人維隆博士爲模特兒描摹出來的。——(這是馬克思加的附註。)

[3] 這是吉拉爾登夫人所說的話。——(這是馬克思加的附註。)

時又使整個國家機器失去聖光，顯得庸俗，成爲可厭而又可笑的東西。他在巴黎模仿特里爾教堂中禮拜聖衣的儀式[1]佈置着禮拜拿破崙皇袍的儀式。　但是，如果皇袍一旦終於落在路易・波拿巴身上，拿破崙的銅像就將從樊多姆圓柱頂上顚覆下來了。

一八五一年十二月至一八五二年三月由卡・馬克思寫就。一八五二年在紐約革命雜誌上發表。第二版經卡・馬克思修改過，於一八六九年在漢堡印成單行本發行。第三版附有弗・恩格斯作的序言，於一八八五年在漢堡印行。

按照第二版本文刊印。原本係德文。

[1] 由反動的天主教僧侶在一八四四年陳列於特里爾教堂的『神聖』遺物之一（『主耶穌聖袍』）。——編者註。